**Zu diesem Buch** Renaissance – unter diesem Begriff verstehen wir die Wiedergeburt, die Neuentdeckung einer tausend Jahre vergessenen oder doch zumindest mißverstandenen Kultur: die Kultur der griechisch-römischen Antike. Tausend Jahre nach der Erhebung des Christentums zur Staatsreligion begann im Italien Dantes, Petrarcas und Giottos die Emanzipation des Individuums von den Fesseln der Dogmen. Nicht zufällig setzte nun auch der Aufstieg des Bürgertums ein, wurden reformatorische Stimmen laut. Doch nicht um Nachahmung der Antike, sondern um Erneuerung in ihrem Geiste ging es den Humanisten. Ihre Bemühungen um die Quellen griechisch-römischer Literatur, Kunst und Philosophie führten zu einer Horizonterweiterung, die den Keim zum Sturz des kirchlichen Glaubensmonopols und des Feudalstaates in sich barg. Humanismus meinte eine Lebensauffassung, die sich der heidnischen Welt der Antike zuwandte und dennoch im christlichen Gottesglauben ehrfürchtig verharrte, ein Selbstverständnis, das nicht lange durchzuhalten war.

Dieses Buch beschreibt die Epoche vom 14. bis zum 16. Jahrhundert, deren kulturelle Neuorientierung den Grundstein zur modernen Welt legte.

**Der Autor** John R. Hale gilt als einer der führenden englischen Wissenschaftler auf dem Gebiet der Renaissance. Er ist Dozent für Geschichte an der Universität Warwick in England. John R. Hale hat viele Bücher über die Renaissance veröffentlicht; besonders hat er sich mit Machiavelli und dessen Schriften befaßt.

**Der beratende Mitarbeiter** Leonard Krieger – ehemals Professor für Geschichte an der Yale-Universität – ist jetzt Professor an der Universität von Chicago.

**Umschlagfoto** Leonardo da Vinci (1452–1519), Selbstporträt.

# fürsten künstler humanisten

## Renaissance: Anbruch der Neuzeit

von
John R. Hale
und der Redaktion der
TIME-LIFE-BÜCHER

Einführung von
Prof. Dr. Christian Adolf Isermeyer
Universität Hamburg

rororo

Rowohlt

Titel der Originalausgabe: ‹Renaissance›
Aus dem Englischen übertragen von MARIA POELCHAU
Für die Taschenbuchausgabe eingerichtet und bearbeitet
von Jürgen Volbeding
Layout Hermann Becker
Umschlagentwurf Werner Rebhuhn

Veröffentlicht im April 1973 mit freundlicher Genehmigung
TIME-LIFE BOOKS, Time Inc., New York

Original English language edition published by Time Inc.
in the United States
Deutsche Taschenbuchausgabe:
Rowohlt Taschenbuch Verlag GmbH, Reinbek bei Hamburg
Satz: Alfred Utesch, Hamburg
Druck: Mühlmeister & Johler, Hamburg
Umschlagdruck und buchbinderische Verarbeitung:
Clausen & Bosse, Leck/Schleswig
Printed in Germany
ISBN 3 499 18035 9

# Inhaltsverzeichnis


| | | |
|---|---|---|
| | Einführung von Prof. Dr. Christian Adolf Isermeyer | 6 |
| 1 | Der Bruch mit dem Mittelalter | 9 |
| 2 | Die vielen Gesichter Italiens | 29 |
| 3 | Sitten und Moral | 48 |
| 4 | Florenz: Stadt des Geistes | 74 |
| 5 | Der Triumph der Kunst | 97 |
| 6 | Künstler der Renaissance | 119 |
| 7 | Krieg und Politik | 143 |
| 8 | Die Renaissance im Norden | 163 |
| | Literaturhinweise | 182 |
| | Personennamenregister | 183 |
| | Sachwortregister | 184 |
| | Danksagungen | 187 |
| | Bildquellennachweis | 187 |

# Einführung

Schon die Zeitgenossen des Zeitalters der Renaissance sprachen mit dem für sie charakteristischen Selbstverständnis und geschichtlichen Bewußtsein von Wiedergeburt, um das Neuartige ihrer Epoche zu kennzeichnen. Als erster gebrauchte der Florentiner Bildhauer und Kunstschriftsteller Ghiberti um die Mitte des 15. Jahrhunderts den Ausdruck «rinascita», den Dürer später mit «Wiedererwachsung» übersetzte. Wiedergeburt, verstanden nicht etwa als Wiedererstehen oder gar Nachahmung des klassischen Altertums, sondern als Erneuerung aus seinem Geiste, dem man sich – und in Italien mit einem berechtigten Gefühl nationalen Stolzes – innerlich verwandt fühlte. Zwischen den beiden Zeitaltern – Altertum und Gegenwart – lag wie ein dunkles Tal zwischen zwei leuchtenden Erhebungen das Mittelalter, das die italienischen Geschichtsschreiber als gotisch oder barbarisch bezeichneten und von ihrem Standpunkt aus nur als eine Zeit tiefsten Verfalls ansehen konnten.

Das Ende des Altertums setzte man um 300 in die Zeit Konstantins des Großen, den Beginn der Wiedergeburt – der Renaissance also – ein Jahrtausend später in die Zeit Dantes, Petrarcas und Giottos. Diese Einteilung der abendländischen Entwicklung in drei große Epochen hat die neuere Geschichtsschreibung bei allen Bedenken gegen eine strenge Periodisierung im wesentlichen beibehalten – nicht dagegen die Bewertung. Das Mittelalter, in dem viel antikes Bildungsgut weiterlebte, erscheint nicht mehr als dunkel, die Renaissance nicht im schroffen Gegensatz zu ihm, dem sie in entscheidenden Zügen verwandter ist als dem Altertum.

Einer der bestimmenden Wesenszüge der Renaissance, der sie vom Mittelalter scheidet, ist die Ichbezogenheit des Menschen, für die die perspektivische Konstruktion des Bildraums in den darstellenden Künsten ebenso symptomatisch ist wie die die mittelalterliche Chronikform überwindende Geschichtsschreibung, die in vergleichbarer Weise den Zeitraum der Vergangenheit perspektivisch von einem festen Standpunkt des Betrachters aus wahrnimmt und deutet.

Daß die Epoche der Neuzeit, die durch die Renaissance eingeleitet wurde, seit dem Beginn unseres Jahrhunderts ihrerseits durch eine neue Epoche abgelöst wird, die versuchsweise als aperspektivisch bezeichnet wurde, ist ein Vorgang, dessen Zeuge wir heute noch sind. Sich in solcher Krisensituation auf die Werte zu besinnen, die wir der Renaissance verdanken, ist wünschenswert und nützlich, und solcher Besinnung will auch das Buch von John R. Hale dienen.

Prof. Dr. Christian Adolf Isermeyer, *Universität Hamburg*

*Den byzantinischen Theologen und Humanist Johannes Bessarion (1403–1472) stellt dieses Gemälde von Vittore Carpaccio (1456–1526) dar.*

# 1. Der Bruch mit dem Mittelalter

Es gab Epochen in der Geschichte, wo der Mensch in dem Bewußtsein lebte, daß das Zeitalter, dem er angehörte, sich durch sein Wirken entscheidend wandelte. Die italienische Renaissance ist dafür wohl das berühmteste Beispiel. Die Menschen der Renaissance glaubten, daß sich in ihrer Zeit die Menschheit grundlegend änderte.

Spätere Historiker haben dieser Ansicht zuweilen zugestimmt und manchmal widersprochen. Vollzog sich durch die italienische Renaissance wirklich ein vollständiger Bruch mit dem Mittelalter? Bedeutete sie die Geburt des modernen Menschen? Würde sich ein Mensch des 20. Jahrhunderts als Zeitgenosse Petrarcas (1304–1374), Machiavellis (1469–1527) oder Leonardos (1452–1519) in Venedig, Florenz oder Rom zu Hause fühlen, wenn eine Zeitmaschine ihn dorthin zurückversetzen könnte? In welchem Maße unterschied sich der Renaissancemensch von seinen mittelalterlichen Vorfahren? Inwieweit unterscheidet er sich vom heutigen Menschen?

Die Epoche, die wir als Renaissance bezeichnen, begann in Italien um 1300 n. Chr. mit dem Ausklang des Mittelalters. Giotto, der revolutionierendste Maler seiner Zeit, war damals 33 Jahre alt; Dante, der Schöpfer der ‹*Göttlichen Komödie*›, war 35. Um die Mitte des 14. Jahrhunderts war die Renaissance eine deutlich erkennbare kulturelle Bewegung geworden. Während der nächsten zweihundert Jahre – bis zur Plünderung Roms durch die Truppen Karls V. – erlebte die Welt von Dante und Giotto umwälzende Veränderungen. Mensch und Natur wurden nicht mehr wie im Mittelalter in verallgemeinernder Typisierung gesehen; die Dinge erhielten ihren Schwerpunkt in sich selber, der Mensch wurde zum einzelnen, zur Individualität.

In einem typischen Gemälde des späten 13. Jahrhunderts erscheinen die abgebildeten Figuren flach und unwirklich, es ist kaum möglich, sie sich als Sprechende und Handelnde vorzustellen. Die Gebäude sind symbolische Objekte, keine Stätten, in denen sich leben läßt. Die Landschaft ist dekorativ, aber man kann unmöglich in ihr umherwandern. Nahe und entfernte Dinge, große und kleine Gegenstände haben keine Beziehung zueinander; alles ist stilisierend und ornamental angelegt. Der Künstler deutet wohl Hügel und Berge an, aber er zeigt kein charakteristisches, glaubwürdiges Stück Welt.

*Die meisten der Renaissancekünstler befolgten die von Aristoteles zur künstlerischen Darstellung des Menschen aufgestellte Regel: «Man male die Menschen besser als sie sind.» Porträt eines Jünglings von Filippino Lippi (1457–1504).*

*Dieses Fresko (Malerei auf noch feuchtem Putz, wobei die Farbpigmente mit dem Kalk des Mörtels abbinden) wurde um 1460 von Vincenzo Foppa (1430–1516) gemalt. Titel: «Knabe bei der Lektüre Ciceros».*

Zu Beginn des 15. Jahrhunderts jedoch schufen die Maler beseelte, dreidimensionale Menschen. Betrachtet man aus jener Zeit Porträts von Männern und Frauen, kann man sich vorstellen, was sie denken oder was sie sagen könnten. Sie bewegen sich in Räumen und vor Landschaftshintergründen, die ein getreues Abbild der Wirklichkeit sind. Der Künstler fängt also an, die Welt gewissermaßen mit dem Auge des Fotografen anzuschauen. Wieweit aber entspricht dieses Abbild der Wirklichkeit – das uns nicht nur die bildenden Künstler, sondern ebenso die Dichter und Staatsmänner jener Zeit überlieferten — unserem modernen Renaissancebegriff? Unterschieden sich die Renaissancemenschen tatsächlich so sehr von den Menschen des Mittelalters, wie es den Anschein hat? Oder handelt es sich nur um wechselnde Moden in der Literatur, Malerei und Plastik?

**Das Mittelalter – eine ungehobelte Epoche?** Es besteht kein Zweifel darüber, was die Menschen jener Epoche dachten. Schließlich waren es die Italiener der Renaissance, die den Begriff «finsteres Mittelalter» prägten. Für sie hatte sich mit der Einnahme und Plünderung Roms durch die Hunnen ein «schwerer Vorhang» über die Welt gesenkt und sie zehn Jahrhunderte lang in einer Art Trance niedergehalten. Sie empfanden es als eine schöne Pflicht, den Vorhang wieder aufzuziehen und der Literatur, den Denkmälern und Werten, die Rom groß gemacht hatten, neues Leben einzuhauchen.

Der Eifer und das Zutrauen, mit denen sie an diese Aufgabe herangingen, wurde durch das Bewußtsein beflügelt, daß in allen Bereichen der Kunst und des Wissens geniale Persönlichkeiten am Werke waren. Es gab Dichter und Gelehrte wie Petrarca (1304–1374) und Boccaccio (1313–1375), um nur einige zu nennen. Es ist kein Wunder, daß Matteo Palmieri, ein Schriftsteller des 15. Jahrhunderts, einem Zeitgenossen freudig zurufen konnte, «Gott zu danken, daß es ihm vergönnt worden sei, in dieses neue Zeitalter der Hoffnung und Verheißung hineingeboren zu sein, das sich schon jetzt einer größeren Schar ausgezeichneter Geister rühmen darf, als die Welt in den tausend voraufgegangenen Jahren gesehen hat». Kein Wunder, daß der Renaissance-Architekt Antonio Filarete (1400–1465) das Mittelalter als eine ungehobelte Epoche bezeichnen konnte, «in der es Italien an Gelehrsamkeit gebrach, die Menschen sich einer vulgären Redeweise bedienten und des Lateinischen unkundig waren», und gleichzeitig bemerkte, daß es erst 50 oder 60 Jahre her sei, «daß der menschliche Geist wachgerüttelt und geschärft wurde».

Die Gelehrsamkeit, auf die Filarete anspielt, war weltliche Bildung. Im Gegensatz zu der theologisch gebundenen Wissenschaft des Mittelalters beruhte sie auf dem eifrigen Studium der antiken Autoren. Um dem Mittelalter zu entkommen, mußte man zur Antike zurückkehren und die Lektionen wieder lernen, die Roms große Kulturschöpfung ermöglicht hatten. Wohl kannten schon die mittelalterlichen Gelehrten die Schriften Vergils, Ovids und Ciceros, Aristoteles' und Platons; aber erst im 14. Jahrhundert, und dann auch nur in Italien, wurde der Versuch unternommen, die Welt der klassischen Antike als eine eigenständige Kultur zu begreifen. Das Studium dieser Kultur nannte man Humanismus. Die Humanisten befaßten sich nicht allein mit der Erforschung und Herausgabe griechischer und römischer Texte; sie suchten darüber hinaus in der Gedankenwelt der Antike das Vorbild einer besseren und verantwortlichen menschlichen Haltung. Aus Roms Vergangenheit holten sie sich nicht nur Belehrung über Politik, Recht und Kunst, sondern auch moralische Unterweisung.

**Die politische Landschaft Italiens.** Der Schlüssel zum Verständnis der Faszination, die von der Antike ausging, ist in den wirtschaftlichen und politischen Verhältnissen der italienischen Staaten zu suchen — «italienische Staaten», und nicht «Italien», denn mit dem Untergang des Römischen Reiches hatte sich auch die politische Einheit der Halbinsel aufgelöst. Norditalien gehörte zum Heiligen Römischen Reich Deutscher Nation, dem Nachfolger des alten Imperiums. Mittelitalien unterstand der päpstlichen Gewalt. Ein Zweig der französischen Dynastie Anjou beherrschte mit dem Königreich Neapel ganz Süditalien. Aber innerhalb dieser Herrschaftsbereiche gab es wiederum Ausnahmen. Im Norden gingen die Stadtstaaten Venedig und Mailand ihre eigenen Wege, unabhängig von den deutschen Kaisern. In Mittelitalien hatten sich bedeutende Städte wie Bologna dem päpstlichen Einfluß entzogen. Und seit dem späten 13. Jahrhundert befand sich das Königreich Neapel in ständigem Rivalitätskampf mit den sizilianischen Städten, die dem spanischen Hause Aragon unterstanden.

Bis zum 14. Jahrhundert verfügte keines dieser separaten politischen Gebilde über die Selbständigkeit und den Reichtum, aus denen eine kraftvolle eigene Kulturschöpfung hervorgehen kann. Danach jedoch errangen sie in der verhältnismäßig kurzen Frist von wenigen Jahrzehnten die Autonomie, der sie ihren glanzvollen Aufstieg verdankten.

Im Jahre 1305 sah sich das Papsttum durch die Aufstände und Kämpfe der großen adligen Geschlechter in Rom genötigt, seine Residenz nach Avignon in Frankreich zu verlegen. 70 Jahre lang blieb Avignon Sitz der Päpste. Während dieser Zeit wurde das Territorium der Kirche unter führenden ortsansässigen Familien aufgeteilt und in unabhängige Stadtstaaten verwandelt. Kurz darauf, im Jahre 1313, errang auch Norditalien seine Unabhängigkeit. Als das Heilige Römische Reich Deutscher Nation unter Heinrich VII. (1276—1313) die politische Kontrolle über die Lombardei aufgab, konnten die norditalienischen Städte ihre eigenen Interessen verfolgen, ohne sich ständig der Zustimmung von jenseits der Alpen vergewissern zu müssen. Gleichzeitig versuchte Robert von Anjou (1278—1343), König von Neapel, vergeblich, ganz Italien zu unterwerfen, und verlor bei diesem

*Poggio Bracciolini (1566–1645), einer der größten Gelehrten seiner Zeit, beklagte die jahrhundertelange Vernachlässigung der alten Bauten Roms mit den Worten: «Da liegt sie nun hingestreckt wie ein riesiger Leichnam, verfallen und verwüstet.» Das Forum hatte sich in ein Elendsquartier für Obdachlose und eine Weide für deren Vieh verwandelt. Gemälde des flämischen Malers Paulus Bril (1554–1626).*

Unternehmen die Macht über seine angestammten Gebiete im Süden. Obwohl die Städte und Staaten Italiens fortwährend vom Machtstreben anderer Länder bedroht waren (für Frankreich, Spanien und Deutschland blieb die Halbinsel weiterhin Ziel ihres politischen Ehrgeizes), befanden sie sich schließlich doch in einer Lage, die ihnen erlaubte, sich auf ihr eigenes Schicksal zu konzentrieren.

Unterdessen hatten die bedeutenderen italienischen Städte einen blühenden Aufschwung genommen. Italien genoß den ungeheuren Vorteil, direkt im Zentrum der größten Handelszone des Mittelalters und der Renaissance zu liegen: dem mittelmeerischen Becken. Küstenstädte wie Genua und Venedig hatten einzigartige Möglichkeiten und nahmen sie wahr. Überdies wurden viele der auf dem Seewege eingeführten Waren auf dem Landwege weitergeleitet, so daß zum Beispiel Florenz, welches dank seiner Lage zum Mittelpunkt des Handelsverkehrs wurde, und Mailand, das den Umschlagplatz für den transalpinen Export bildete, zu üppigem Wohlstand gelangten.

Diese frühzeitige wirtschaftliche Entwicklung erzeugte ein nur Italien eigentümliches Machtgefüge. Die Macht beruhte nicht wie überall sonst in Europa auf dem Großgrundbesitz, sondern auf der leistungsfähigen und finanzstarken Wirtschaft der Städte. Schon im 12. Jahrhundert wurden die italienischen Feudalherren gezwungen, Bürger der nächst liegenden Stadt zu werden. Nur auf diese Weise konnten sie an deren Konjunktur teilnehmen und nach außen den Anschein einer politischen Einflußnahme auf die Regierungsgeschäfte wahren. Als das 13. Jahrhundert sich seinem Ende zuneigte, war diese Verlagerung der Macht in die Städte bereits abgeschlossen. Florenz hatte eine so imponierende Stärke erreicht, daß es sogar wagen konnte, einen Papst herauszufordern. Als Bonifacius VIII. (1235–1303) von der florentinischen Regierung die Aufhebung eines ihm nicht genehmen Urteils verlangte, antwortete Florenz, daß er kein Recht habe, sich in «die Politik und die Entscheidungen der florentinischen Kommune» einzumischen.

**Mäzenatentum.** Im 14. Jahrhundert widmeten sich die italienischen Städte, durch Handel und Gewerbe reich geworden, in verschwenderischem Ausmaß der Förderung der Künste. Florenz hatte schon mit dem Bau seines gewaltigen Domes Santa Maria del Fiore begonnen. Selbst eine Periode der wirtschaftlichen Depression, die noch durch den Schwarzen Tod, die grauenhafte Pest, die Europa um die Mitte des 14. Jahrhunderts verwüstete, verschärft wurde, konnte dem großzügigen Mäzenatentum keinen Einhalt gebieten. Als die Geschäftslage sich verschlechterte, paßten sich die italienischen Kaufleute und Bankiers den veränderten Verhältnissen an und entwickelten neue Arbeitsmethoden.

**Doppelte Buchführung und Holding-Gesellschaften.** Schließlich waren es Italiener, die vieles von dem vorwegnahmen, was sich später als

Bestandteil der kapitalistischen Praxis einbürgerte: Gesellschaftsverträge, Holding-Gesellschaften, Seeversicherung, Überweisungsverkehr, doppelte Buchführung. Je weiter die Depression fortschritt, um so mehr Geld wurde in die Künste investiert, denn die italienischen Handelsherren suchten ihr Kapital wertbeständig anzulegen.

Mit Geld kann man Kultur jedoch nicht kaufen, man kann nur ihre Werke erwerben. Die Kultur nährt sich zwar vom Geld, muß aber, um wachsen zu können, von einem soliden Bildungswissen getragen sein.

**Kultur kann man nicht kaufen.** Wer in der Renaissance reich werden und reich bleiben wollte, mußte ein verhältnismäßig hohes Erziehungsniveau haben. Die Erziehung war in erster Linie zweckgebunden. Wer nicht lesen, schreiben und rechnen konnte, hatte im Geschäftsleben keinen Erfolg. Aber die Welt der Renaissance verlangte noch einiges mehr. Je reger sich der Handel entwickelte, um so schwieriger wurden geschäftliche Transaktionen. Immer häufiger wurden Gesellschaftsverträge abgeschlossen, die Testamente wurden komplizierter, die Eigentumsüberschreibungen umständlicher, das heißt: man war immer dringlicher auf eine rechtliche Grundlage im Geschäftsverkehr angewiesen. Während der Renaissance nahm daher die Rechtswissenschaft einen stetigen Aufschwung. An den Universitäten wies sie die größten Hörerzahlen auf. Die Gehälter, die die Rechtsgelehrten bezogen, gehörten zu den höchsten, die an Professoren gezahlt wurden. Im gleichen Maße, wie sich die Stadtstaaten vergrößerten, nahmen auch die Regierungsgeschäfte an Umfang zu, so daß eine vermehrte Nachfrage nach gut ausgebildeten Verwaltungsbeamten entstand sowie nach Diplomaten, die ihre Sache im Ausland überzeugend und beredt vertreten konnten.

**Humanismus und Gesellschaft.** Im Gegensatz zum Mittelalter, das theologische Studien in den Vordergrund gestellt hatte, bedurfte die Renaissance einer auf das praktische Leben bezogenen Bildung. Fachkenntnisse waren ebenso notwendig wie ein weltgewandtes Auftreten. Das humanistische Erziehungsprogramm paßte sich diesen Erfordernissen an. Es schloß sowohl die Lektüre der antiken Autoren wie das Studium der Grammatik, Rhetorik, Geschichte und Ethik ein. Schon im 15. Jahrhundert wurde der diese Gebiete umfassende Lehrplan offiziell als *studia humanitatis* (Geisteswissenschaft) bezeichnet. Die Vertreter dieses Bildungsprinzips hießen später Humanisten.

Heute bedeutet Humanismus oft etwas anderes, aber in der Renaissance meinte er eine Lebensauffassung, die sich der heidnischen Welt der Antike zuwandte und dennoch ehrfürchtig im christlichen Gottesglauben verharrte. Humanismus hieß weiterhin die Höchstentfaltung des Menschen in ästhetisch vollendeter Form. Der Mensch wurde im Rahmen der Gemeinschaft gesehen und als geschichtliches Wesen begriffen. Auf diese Weise verhalf der Humanismus dem Diesseits wieder zu seinem Recht, das im Mittelalter nur ein Hinweis auf die Ewigkeit gewesen war. Das irdische Leben galt nicht mehr allein als Vorbereitung auf das Paradies, sondern erhielt seinen eigenen Wert. Gewiß steht auch in dieser Epoche alles Denken unter dem Primat der Gläubigkeit, aber hinter dieser Haltung wird doch eine Gesellschaft sichtbar, die sich mehr für weltliche Dinge interessiert — eine Gesellschaft, die praktisch, lebensklug, selbstbewußt und ehrgeizig ist.

Der Humanismus als eine von der Gesellschaft getragene Bewegung hätte nicht entstehen können, wenn diese Gesellschaft nicht wirklich das Bedürfnis gehabt hätte, die klassische Vergangenheit kennenzulernen und in der Weisheit der Alten die Antwort auf die eigenen Fragen zu suchen. Der Wiedergeburt der Antike gingen nicht nur Veränderungen auf dem begrenzten Gebiet der mittelalterlichen Universitätslehrpläne voraus, sondern mehr noch eine irrationale Sehnsucht nach Veränderung, die die gesamte mittelalterliche Welt erfaßt hatte. Das Mittelalter mag den Anschein einer in sich ruhenden Welt erwecken, in Wirklichkeit aber herrschte damals beträchtliche Unzufriedenheit. Die Menschen spürten, daß die Dinge in Kirche und Staat nicht so liefen, wie sie sollten, und sehnten sich nach irgendeiner Form von Erneuerung und Regeneration. Rom, einst Zentrum weltlicher und geistlicher Macht, wurde zum Brennpunkt dieses Verlangens. Roms ruhmreiche, glanzvolle Vergangenheit sollte wiederauferstehen, sollte eine Renaissance erleben.

**Den Anfang machten die Juristen.** Merkwürdigerweise waren die ersten aktiven Vertreter dieser Bewegung Juristen — ein Berufsstand, der normalerweise dazu neigt, sich Veränderungen zu widersetzen. Um den Erfordernissen einer Gesellschafts- und Wirtschaftsstruktur zu entsprechen, die immer kompliziertere Formen annahm, begannen die Juristen, die großen Gesetzessammlungen des alten römischen Rechts zu erforschen. Sie verließen sich dabei nicht nur auf die von den mittelalterlichen Kommentaren überlieferten Inhaltsangaben, sondern gingen auf die Quellen zurück und suchten die Absichten zu ergründen, die den ursprünglichen Verfassern dieser großen Vermächtnisse vorgeschwebt hatten. Durch den Vergleich ihrer eigenen Probleme mit den in der Antike gefällten Rechtsurteilen gelangten sie zu der Erkenntnis der Lebensbedingungen im alten Rom. Auf diese Weise lernten sie andere klassische Werke kennen, und die Lektüre aus Pflicht geriet ihnen unversehens zu einer Lektüre aus Neigung. So wurde eine erzkonservative Berufsgruppe zur Keimzelle der humanistischen Erneuerungsbewegung.

Gegen Ende des 13. Jahrhunderts widmeten sich Rechtsgelehrte in den norditalienischen Städten, besonders in Padua und Verona, mit lebhaftem Interesse der Poesie, Geschichte und Rechtswissenschaft des antiken Rom. In den Bibliotheken forschten sie nach vergessenen Manuskripten und studierten sie mit gelehrtem Eifer. Wie ihren humanistischen Nachfolgern ging es ihnen darum, einen Text wortgetreu zu rekonstruieren und ihn dem richtigen Autor zuzuschreiben. Aus diesem Bemühen, die Patina von den mittelalterlichen Interpretationen zu entfernen und das Original in seiner durchsichtigen Klarheit ans Licht zu bringen, gewann die Renaissance ihre Quellenkenntnis, ihr Wissen aus erster Hand. So konnte diese Zeit unmittelbar, über die Jahrhunderte hinweg, ein Gespräch mit der Antike führen.

**Ein Brief an Cicero.** Es ist schwer, sich die Erregung vorzustellen, die diese Ausgrabungen neuer und bereinigter Texte begleitete, dieses Einstimmen in einen Gesang, der mit solcher Freude und Überzeugung von dem edelsten und herrlichsten Zeitalter kündete, das Italien je erlebt hatte. Da die meisten der wiederentdeckten Schriftsteller römische Autoren waren, mischte sich dieser Erregung ein ganz persönliches Element bei. Die italienischen Humanisten entdeckten gleichsam ihre eigenen Vorfahren und fanden bisher verborgene Schätze im eigenen Hause. Für Petrarca war Cicero nicht einfach ein verstaubter Weiser, sondern eine reale Person, der er einen Brief schreiben konnte — was er auch tat. Für Machiavelli (1469—1527), der vom politischen Schauplatz verbannt worden war und elend und untätig auf einem kleinen Gut außerhalb von Florenz lebte, gab es nichts Köstlicheres, als sich in seinem Studierzimmer einzuschließen, wo er die demütigende Gegenwart vergessen und mit den großen Gestalten der römischen Vergangenheit vertraute «Unterhaltung» pflegen konnte. Von ihnen erfuhr er, wie sie die Krisen ihrer Zeit bewältigt hatten, von ihnen holte er sich Rat für seine Probleme.

Da die Menschen der Renaissance von ihren römischen Ahnen lernen wollten, ihr eigenes Leben zu meistern, wandten sie sich hauptsächlich dem Studium der Historiker zu, Schriftstellern wie Livius und Tacitus. Doch waren zum Beispiel die Schriften von Quintilian und Cicero beinahe ebenso wichtig. Die Theorien dieser Autoren über Charakter und Erziehung und über die Fähigkeiten, die sich in der römischen Welt am besten bewährt hatten, hielt man im 14. und 15. Jahrhundert für gleichermaßen anwendbar. Eine römische Eigenschaft fand besondere Beachtung: eine hohe Allgemeinbildung, die bald zum Merkmal des Renaissancemenschen wurde. Die Renaissance eignete sich aus den römischen Lehren ebenfalls die Auffassung

*Zum Bild auf den beiden folgenden Seiten:*
*1509 ging Raffael (1483—1520) nach Rom, um für Papst Julius II. zu arbeiten. Zuerst malte er die Stanza della Segnatura, einen Raum des Vatikans, mit Fresken aus. In dem Fresko «Die Schule von Athen» (hier ein Ausschnitt) verherrlicht Raffael antikes Denken und seine Erneuerung in der Renaissance, indem er bedeutende Intellektuelle beider Zeitalter in ein und derselben Szene darstellte. Im Mittelpunkt diskutiert Aristoteles mit einem weißbärtigen Mann, der Platon darstellen soll, dem Raffael über die Züge Leonardo da Vincis verlieh.*

*Aldus Manutius (1450–1515) besaß die bedeutendste Druckerei Italiens. Manutius, der zeitgenössische Literatur sowie griechische Klassiker herausgab, erklärte: «Der Gebildete braucht Bücher, und ich werde nicht ruhen, bis diese Versorgung gesichert ist.» Auf einer alten Presse, wie auch Manutius sie benutzte, stellte man mit primitiven Mitteln herrliche Bücher her. Die Seiten wurden von Hand gesetzt, geschwärzt und in der hölzernen Presse einzeln abgezogen. Dann hängte man die Blätter zum Trocknen auf.*

an, daß Bildung ein Allgemeingut und nicht ein Privileg weniger sei, daß der Mensch, statt in privaten Wonnen der Gelehrsamkeit zu schwelgen, sich im Staatsverband tätig zu bewähren habe.

**Materieller Komfort und geistige Arbeit.** Infolgedessen waren die Gelehrten der Renaissance im Gegensatz zu den einsiedlerischen Gelehrten des Mittelalters, die sich in ihrer Klause metaphysischen Spekulationen hingaben, Persönlichkeiten des öffentlichen Lebens – Lehrer, Diplomaten, Minister. Selbst ein Papst konnte diese Auffassung teilen. In seiner um die Mitte des 15. Jahrhunderts geschriebenen Abhandlung über Erziehung tadelte Aeneas Silvius Piccolomini (1405–1464), damals Bischof, später Papst Pius II., ein übermäßiges Sichvertiefen in das Studium der Dialektik und Geometrie, da es das Interesse eines Knaben vom praktischen Leben ablenke. Es gab viele Lehrer, die die mittelalterliche Idealisierung der Armut, des Zölibats und der Versenkung ablehnten und statt dessen das Familienleben und die kluge Nutzung des Reichtums priesen. Eine Mönchszelle und ungewaschene Füße galten nicht mehr als Voraussetzung für die Pflege des Geistes. Ein gewisser materieller Komfort, so meinte man, fördere die geistige Arbeit am besten. Der Mensch nahm nicht mehr eine passive Stellung in der Geschichte ein, die ihn dazu verurteilte, fatalistisch auf den Tod und die Wiederkunft Christi zu warten. Krankheit und Mißgeschick wurden nicht länger als unvermeidliche Sündenstrafen empfunden, sondern als Zufallsereignisse – als eine Laune der Göttin Fortuna. Und Fortunas mutwillige Pläne konnte man mit listiger Findigkeit durchkreuzen.

Fortuna war eine der beiden beliebtesten Allegorien der Renaissance; die andere war Occasio, die günstige Gelegenheit. Fortuna wird oft in einem Boot mit Ruder und Segel gezeigt, und das bedeutet, daß der Mensch sie lenken kann. Aber zuweilen verschmilzt sie mit Occasio zu einer dahineilenden Frau, deren langes Haar von der Stirn hinweg nach vorn flattert und einen kahlen Hinterkopf freigibt. Alles stand gut, wenn der Mensch flink genug war, ihr Stirnhaar – sozusagen beim Schopf – zu ergreifen; alles war verloren, wenn er zu spät zupackte. Man fürchtete den Zufall nicht mehr, sondern machte ihn sich zunutze. Umsicht und Geschicklichkeit – aktive Eigenschaften, mit deren Hilfe man sein Schicksal gestalten konnte – waren beliebter als kluge Sprüche, die des Menschen Los in Gottes Hand legten. Anker und Delphin, das Wahrzeichen der berühmten Druckerei des Aldus Manutius (1450–1515), die in der Renaissance die nach ihm benannten Aldinen (vorbildlich edierte und ausgestattete Ausgaben griechischer, römischer und hebräischer Klassiker) herausgab, versinnbildlichte das Ideal des Zeitalters: die Schnelligkeit des Delphins, die Beharrungskraft des Ankers.

**Toleranz.** Obwohl das Italien der Renaissance nach außen zu Gewaltsamkeit und prahlerischem Pomp neigte, war das Leben im privaten häuslichen Bereich durch Mäßigung bestimmt. Die Menschen ließen gegensätzliche Meinungen gelten. Sie fochten weder die christliche Lehre an, noch hielten sie sie für den einzigen Maßstab eines redlichen, würdigen und sinnvollen

*Der Maler Giotto (1267–1337), der die menschliche Figur aus ihrer unirdischen Starre löste und ihr die natürliche Gebärde zurückgewann, leitete eine neue Kunstauffassung ein. (Ausschnitt aus einem Fresko von Giotto: «Die Begegnung an der goldenen Pforte»)*

Lebens. Pico della Mirandola zum Beispiel stützte sich sowohl auf Platon und die persische Religion als auf die arabische Philosophie und die jüdische Kabbala. Schriftsteller wie Petrarca und Leon Battista Alberti sahen keinen Widerspruch zwischen Ciceros Morallehre und der christlichen Ethik. Während die mittelalterliche Theologie noch fraglos akzeptiert wurde, begann man schon mit dem Entwurf einer Philosophie, die die menschliche Existenz in den Mittelpunkt des Denkens rückte.

Im Mittelalter bedeutete Lob des Menschen zugleich Lob Gottes, denn der Mensch war Gottes Geschöpf. Die Renaissance hingegen verherrlichte den Menschen selbst als Schöpfer. Der Gedanke der Erbsünde verblaßte; die Selbstbestimmung des Menschen, seine Gabe, Kunstwerke zu schaffen und die Geschicke anderer zu lenken, rückte in den Vordergrund. Er wurde aus der mittelalterlichen Hierarchie, die ihm einen festen Platz in der Stufenleiter des Seins zwischen Geist und Materie zugewiesen hatte, herausgelöst und durfte nach eigenem Wunsch und Willen in allen Daseinsbereichen umherschweifen – frei, zur Bestie zu entarten und sich den Engeln zu verschwistern. Er war der Beherrscher der Natur, Herr, wenn auch nicht Herrgott, der Schöpfung.

**Individualität – gesteigertes Selbstbewußtsein.** Diese neue Vorstellung vom Menschen entsprang einem gesteigerten Selbstbewußtsein. Der mittelalterliche Mensch war bemüht gewesen, seine Seele zu ergründen, den Renaissancemenschen reizte die Erforschung und nicht weniger die Zurschaustellung der eigenen Persönlichkeit. Petrarca mag dafür als Beispiel zitiert werden. Obgleich er sich mit größtem Ernst der Entdeckung und Herausgabe antiker Texte widmete, bekundete er ein nicht geringes Interesse an der eigenen Person. In seinen Briefen, die ebensowohl für die Nachwelt wie für seine Freunde bestimmt waren, verzeichnete er die Empfindungen, die ihn bei Liebesaffären und Freundschaften, beim Anblick der Berge und der Blumen in seinem Garten bewegten. Diese Briefe stellen das erste innere Selbstporträt seit der Antike dar.

Das neuerwachende Selbstgefühl bewog die Zeitgenossen, auf sich selbst als einzigartige, individuelle Wesen aufmerksam zu machen. Komponisten begannen, ihre Musikwerke zu signieren. Um 1340 besaß ein florentinischer Bankier sogar die Kühnheit, ein Selbstbildnis für sein Grabmal anfertigen zu lassen. 1453 gab Piero de' Medici eine Porträtbüste von sich in Auftrag. Eine der größten Plastiken Michelangelos, das Juliusdenkmal für die Peterskirche in Rom, feierte einen einzelnen Papst, und zwar auf Geheiß dieses Papstes. Ein anderes Werk Michelangelos, die Neue Sakristei von San Lorenzo in Florenz, wurde von den Medici zum Andenken an zwei Mitglieder der Familie bestellt. Das Interesse am Menschen als einem einmaligen Individuum veranlaßte Boccaccio in seiner Biographie Dantes (1265–1321), eine Schilderung der Persönlichkeit zu versuchen, anstatt nur erbauliche

Anekdoten über seine Tugenden aneinanderzureihen.

Der Humanismus erwies sich jedoch nicht nur als eine ungetrübte Wohltat. Wenngleich die Wiederentdeckung der römischen Kultur den Renaissancemenschen auf einen Weg drängte, den er ohnehin einzuschlagen im Begriff war, so wurde ihm dadurch doch auch eine Richtung vorgeschrieben, die nicht in jeder Hinsicht segensreich wirkte. Das gilt besonders für die Sprache. Der Mensch kann sich am besten und schönsten in seinem eigenen Idiom, in der Muttersprache, ausdrücken. Dante, Petrarca und Boccaccio — sie alle dichteten in der heimischen Umgangssprache und bewahrten ihren eigenen, unverwechselbaren Stil; aber sie waren Ausnahmen. Der Einfluß Roms setzte sich fast überall durch; es wurde Mode, lateinisch zu schreiben. Die italienische Muttersprache kam erst gegen Ende des 15. Jahrhunderts wieder zu Ansehen, als der mächtige Lorenzo de' Medici (1514—1548) Gedichte im toskanischen Volksdialekt verfaßte. Bald darauf trugen auch Machiavellis und Castigliones Werke dazu bei, daß die Literatur ihre Hauptaufgabe wieder erfüllen konnte: das Selbstverständnis einer Gesellschaft zu fördern.

**Nicht erfinden, sondern wiederentdecken.** Der Einfluß der Vergangenheit traf auch insofern auf fruchtbaren Boden, als der Renaissance die Vorstellung entwicklungsgeschichtlicher Vorgänge fremd war. Die Menschen jener Zeit glaubten nicht an den Fortschritt, nicht wie der moderne Mensch an eine Gesellschaft, die sich ständig vervollkommnet, indem sie neue Methoden der Naturbeherrschung, der Durchrationalisierung und Technisierung von Wirtschafts- und Regierungsformen ersinnt. Nicht der Erfindung, sondern der Wiederentdeckung galt ihr Bemühen. Sie wollten nicht zu den Grenzen des Wissens vorstoßen, sondern auf seine Quellen zurückgehen. Nach ihrer Auffassung hatte die Antike für beinahe alles die beste Lösung gefunden. Veränderung war indessen möglich; tatsächlich wurde jede neue Malergeneration schon deshalb gepriesen, weil sie «moderner» war als die voraufgegangene. Aber «moderner» hieß in der Renaissance getreuer in der Befolgung der überlieferten antiken Regeln.

Es ist nie wirklich günstig für eine Gesellschaft, sich nach der Vergangenheit zu richten, denn die Lebensbedingungen und Verhaltensweisen sind zu großen Veränderungen unterworfen. In gewissen Bereichen mochte es nützlich sein, «wie ein Römer zu denken», zum Beispiel auf dem Gebiet der Politik oder des Rechts; in anderen, wie auf dem Geschäftswesen, war es unerheblich; und in wiederum anderen, wie der Religion, war es verderblich. Die dunklen Züge der Renaissance, ihr Pessimismus und ihr Unbehagen, rühren vermutlich zum Teil aus der überaus engen Bindung an die römische Antike her. Der Intellektuelle jener Zeit schmückte sich mit geborgten Kleidern, die durchaus nicht immer paßten.

*Die Pazzi-Kapelle, von Brunelleschi (1377–1446) um 1430 entworfen, entstand nach Messungen, die der Architekt an antiken römischen Bauten vorgenommen hatte.*

**Loslösung vom gemeinsamen religiösen Ziel.** Die bestehende Unzufriedenheit hatte allerdings noch einen anderen Grund: der humanistische Bildungsgedanke stellte ganz neue Anforderungen an den einzelnen. Im Mittelalter diente alles künstlerische und philosophische Bemühen einem einzigen Ziel: der Lobpreisung Gottes und der Verdeutlichung seines Willens. In der Renaissance hingegen schieden sich die Bezirke der Geistestätigkeit voneinander und erhielten ihre Berechtigung aus der jeweils angewandten Methode, nicht dem erreichten Ziel. Das heißt, ein Bild wurde jetzt wegen seiner malerischen Qualitäten bewundert, unabhängig von dem Zweck, für den es gemalt war.

Für die Entwicklung der Künste und Wissenschaften war diese Loslösung von einem gemeinsamen religiösen Ziel notwendig. Ein Maler muß die Kunst um der Kunst willen ausüben, damit die Maltechnik, das handwerkliche Können Fortschritte machen können. Ein Politiker muß Staatslehre studieren, um mit politischen Krisen erfolgreich fertig zu werden. Jedoch: je weiter die Zweige des Baumes der Erkenntnis nach außen wachsen, um so ungemütlicher wird es in seinem Schatten. Sobald ein Maler sich seiner Technik bewußt wird, ist die Harmonie zwischen ihm und seinem Gegenstand gestört. Wenn ein Politiker zwischen Moral und Nützlichkeit zu wählen hat, senkt sich eine schwere Last auf sein Gewissen. Die Menschen der Renaissance quälten sich mit diesen Problemen, und der Schmerz, der solche Konflikte begleitet, ist uns wohlvertraut. Auch uns ist das Wissen über den Kopf gewachsen und droht, unserem moralischen Zugriff zu entgleiten. Aber sind uns deshalb auch diese Probleme selbst vertraut?

Gewiß kommt uns das allgemeine Interesse der Zeit an Politik und Verfassungsfragen vertraut vor. Obgleich es in der Renaissance keine Massenmedien gab, die die Öffentlichkeit informierten, ermöglichte die geringe Größe der italienischen Staaten ihren Bürgern doch eine Kenntnis dessen, was um sie herum vorging. Die Kurzlebigkeit der meisten Regierungen verursachte außerdem eine Serie von Krisen und Skandalen, die das öffentliche Interesse stets von neuem anfachten. Überdies lag bis zum 16. Jahrhundert die Macht theoretisch in den Händen des Volkes; danach herrschten ausländische Monarchen und fürstliche Dynastien über große Teile Italiens.

Der Geschäftsmann und der Jurist jener Zeit kommen uns wohl ebenso vertraut vor wie der Künstler, der die Überzeugung besaß, daß er ein Schöpfer und nicht nur ein Handwerker sei. Wir können mit wenigen Einschränkungen in das selbstsichere Bekenntnis des Gianozzo Manetti einstimmen, der 1452 schrieb, die Welt sei wohl von Gott erschaffen worden, aber der Mensch habe sie hernach verwandelt und verbessert: «Denn alles, was uns umgibt, ist unser eigenes Werk, das Werk des Menschen: alle Wohnstätten, alle Schlösser, alle Gebäude auf der ganzen Welt, die so zahlreich sind und von so edler Beschaffenheit, daß sie eher den Werken der Engel, denn denen der Menschen gleichen. Von uns sind die Gemälde, die Skulpturen; von uns der Handel, die Wissenschaften und philosophischen Systeme. Von uns kommen alle Erfindungen und alle Arten von Sprachen und Literaturen, und wenn wir über ihre Anwendung nachsinnen, fühlen wir uns um so mehr zu Bewunderung und Erstaunen genötigt.»

Schließlich kommen uns auch die intellektuellen Probleme des Renaissancegelehrten vertraut vor, sein Suchen nach der Wahrheit und seine Entschlossenheit, überlieferte Lehrmeinungen anzugreifen, wenn er sie nicht mehr für richtig hielt. Das Vorgehen eines Lorenzo Valla (1407–1457), zum Beispiel, erscheint uns durchaus nicht fremd. 1440 schrieb Valla eine Abhandlung, in der er bewies, daß die ‹*Konstantinische Schenkung*› eine Fälschung sei. Da auf dieser ‹*Schenkung*›, einem angeblich im 4. Jahrhundert verfaßten Dokument, der Territorialanspruch des Papsttums in Italien gründete, war Vallas Kritik eine Sensation. Seine Methode glich der heutiger Gelehrter: durch eingehende Untersuchung des Wortmaterials und der historischen Hinweise zeigte er, daß das Schriftstück unmöglich vor dem 8. Jahrhundert geschrieben sein konnte. Seine philosophische Ausgangsposition definierte er mit Worten, die ebensogut von einem modernen Intellektuellen stammen könnten: «Wer sein Leben der Verteidigung der Wahrheit und Gerechtigkeit hingibt, beschreitet den Pfad der höchsten Tugend, der höchsten Ehre, der höchsten Belohnung.»

**Naturwissenschaften in der Renaissance.** Aber es gibt ein Element im geistigen Leben der Renaissance, das uns fremd vorkommt. Trotz gewisser äußerer Übereinstimmungen hat das wissenschaftliche Weltbild jener Epoche kaum eine Ähnlichkeit mit dem unseren. Leonardo da Vinci (1452 bis 1519) konnte zwar sagen: «Mir aber scheint, es sei alles das Wissen eitel und voller Irrtümer, das nicht von der Erfahrung, der Mutter aller Gewißheit, zur Welt gebracht wird», aber Leonardo meinte in diesem Zusammenhang die Konstruktion von Schleusen und Kanälen und den Bau von Maschinen, nicht die Erforschung des materiellen Universums zum Zwecke der Entdeckung allgemeingültiger Gesetze.

Die Impulse für ihre naturwissenschaftlichen Studien bezog die Renaissance wieder aus dem klassischen Altertum. Autorität auf dem Gebiet der Physik war Aristoteles, auf dem der Medizin Galenus. Der Wissensdrang richtete sich in erster Linie auf die Forschung von Tatsachen, und hier kamen die Anregungen nicht von der Naturwissenschaft, sondern von der Kunst. Die Kunst bahnte den Weg zum Studium der Anatomie und zur systematischen Konstruktion der Perspektive.

Die Entdeckungen der Naturwissenschaft, die umwälzende Erkenntnisse über die Natur des Menschen und die Gesetzmäßigkeit des Universums begründeten, bahnten sich erst an, als die Renaissance bereits im Ausklingen war – erst 1543 veröffentlichte Kopernikus (1473–1543) sein Werk über das Sonnensystem, und im selben Jahr trat Vesalius mit seiner Arbeit über die menschliche Anatomie hervor. Aber die Renaissance hatte die materiellen Grundlagen und vor allem die geistigen Voraussetzungen geschaffen, die diese Revolution erst möglich machten. Der Renaissancemensch war vielleicht nicht der «erste moderne Mensch», aber sein unmittelbarer Vorgänger.

# 2. Die vielen Gesichter Italiens

Die künstlerische und politische Vitalität der italienischen Renaissance entstand zum großen Teil aus der eigentümlichen Struktur der Halbinsel. Auf den ersten Blick scheint es, als habe Italien, das von drei Seiten durch das Meer begrenzt und im Norden von den Alpen geschützt wird, die Einheitlichkeit einer Insel. Statt dessen ist es ein Land mit vielen Gesichtern. Schon aus seiner Länge ergeben sich scharfe Trennungslinien. Es beginnt sozusagen im germanischen Herzen Europas, erstreckt sich etwa 1200 Kilometer südwärts und endet erst 170 Kilometer vor der mohammedanischen Küste Nordafrikas. Ferner bildet Italiens von Nordwesten nach Südosten verlaufende Achse eine Diagonale, die es am einen Endpunkt der Provence benachbart und am anderen bis zu 85 Kilometer an Albanien heranführt. Schließlich wird es durch den Apennin zerschnitten, einem Gebirgszug, der wie eine Wirbelsäule von Ligurien im Nordwesten nach Kalabrien im Süden verläuft.

**Fremde kulturelle Einflüsse.** Es ist verständlich, daß die Italiener der feindseligen und unfruchtbaren Bergwelt den Rücken kehrten, nach entlegeneren Gegenden Ausschau hielten und auf diese Weise fremdländische Einflüsse in sich aufnahmen, die ihnen noch stärkere Unterscheidungsmerkmale aufprägten. Das Meer verlockte auch italienische Händler, das Abenteuer der Ferne zu suchen. Sie gründeten Niederlassungen in England, Spanien und an den Gestaden des Schwarzen Meeres. Die Alpenpässe, über die viele Invasionsheere nach Italien gezogen waren, boten den italienischen Kaufleuten einen Zugang zu den deutschen, französischen und niederländischen Handelsplätzen. Aus allen diesen Ländern brachten sie fremde kulturelle Einflüsse in die Heimat zurück. Mailand, nahe dem Ausläufer eines nach Norden führenden Passes gelegen, besitzt eine von der deutschen Gotik inspirierte Kathedrale. San Marco, Venedigs herrlicher Kuppeldom aus Marmor und Mosaiken, ähnelt byzantinischen Kirchen.

Die besondere landschaftliche Beschaffenheit der Halbinsel, die weitreichenden Handelsbeziehungen – sie bedingten die Verschiedenartigkeit und

*Venezianische Gondolieri rudern den Canale Grande entlang. Spaziergänger benutzten die Fußwege am Ufer. Dieser Ausschnitt aus einem Bild von Carpaccio (1456–1526) zeigt die alte, hölzerne Rialto-Zugbrücke. Venedig wurde von auswärtigen Besuchern geradezu bestürmt. Besondere Führer standen bereit, den Gästen der Stadt die Sehenswürdigkeiten zu zeigen.*

Weltoffenheit der Italiener, aber auch die seltsame Enge ihres politischen Denkens. Im 15. Jahrhundert, als die Erneuerung der florentinischen Kunst beispielgebend wirkte, entwickelte auch das übrige Italien einen eigenständigen Stil in der Malerei, Plastik und Architektur. Aber erst in der zweiten Hälfte des 19. Jahrhunderts war der Ansatz einer nationalen Einheit erkennbar.

Die Geschichte Italiens in der Renaissance muß deshalb in parallellaufenden Abschnitten geschrieben werden: einer hätte das Königreich Neapel zu behandeln, je einer die Republiken Florenz und Venedig, einer das Herzogtum Mailand, je einer die kleinen Tyrannen, die das Schicksal von Städten wie Rimini, Faenza, Imolo und Forlì bestimmten oder zu bestimmen versuchten. Um die Renaissance zu verstehen, ist es nicht nötig, alle diese Einzelschicksale zu verfolgen. Wichtig ist jedoch die Tatsache, daß Italien in seiner Vielfalt den Künsten, der Politik und dem Handel unvergleichliche Möglichkeiten eröffnete.

**Vom Stadtstaat zum Territorialstaat.** Die geographische Lage war natürlich nicht das einzige Hindernis, das der politischen Einigung im Wege stand. Seit dem Mittelalter wurde Italien durch den Kampf zwischen den Guelfen und Ghibellinen zerrissen, zwischen den Anhängern des Papsttums und den Anhängern der weltlichen Herrscher des Heiligen Römischen Reiches Deutscher Nation. Städte und Parteien innerhalb der Städte unterstützten erst die eine Seite, dann die andere, je nachdem, welche die größeren Vorteile zu bieten hatte. Dies Modell wechselnder Untertanentreue überlebte die ursprüngliche Parteienrivalität, die bereits gegen Ende des 13. Jahrhunderts praktisch unwirksam geworden war. Es währte fort in einem System elastischer Bündnisse – einer Art Vorläufer der modernen Politik des Gleichgewichts der Kräfte –, das jede Stadt daran hinderte, zu mächtig zu werden.

Freilich verhielt es sich nicht so, daß irgendein Staat jemals versuchte, die Herrschaft über ganz Italien an sich zu reißen. Die Vorstellung einer umfassenden politischen Einheit, der Begriff einer Nation also, existierte in der Renaissance noch nicht. Obwohl die Stadtstaaten ständig nach Ausdehnung

*Die berühmte Zusammenkunft zwischen Papst Paul II. (1418–1471) und dem römischen Kaiser Friedrich III. (1415–1493) wurde um 1470 in Form einer vieldeutigen Allegorie von einem Künstler in einem Kupferstich verarbeitet. Wahrscheinlich verstand man die Darstellung damals auf folgende Weise: Der Papst trägt eine Schlange um den Hals, das Zeichen für die Feindschaft Mailands; das Rad, auf das er seinen Fuß stützt, unterstreicht seine Autorität als Patriarch von Rom. Der Kaiser steht auf einem Löwen, Symbol des ihm verbündeten Burgund. Beide stellen einen Fuß auf das Schiff des Staates (das Kaiserreich). Der Geldbeutel, der vom Hals des Kaisers herabhängt, symbolisiert seinen Ehrgeiz und seine Habgier.*

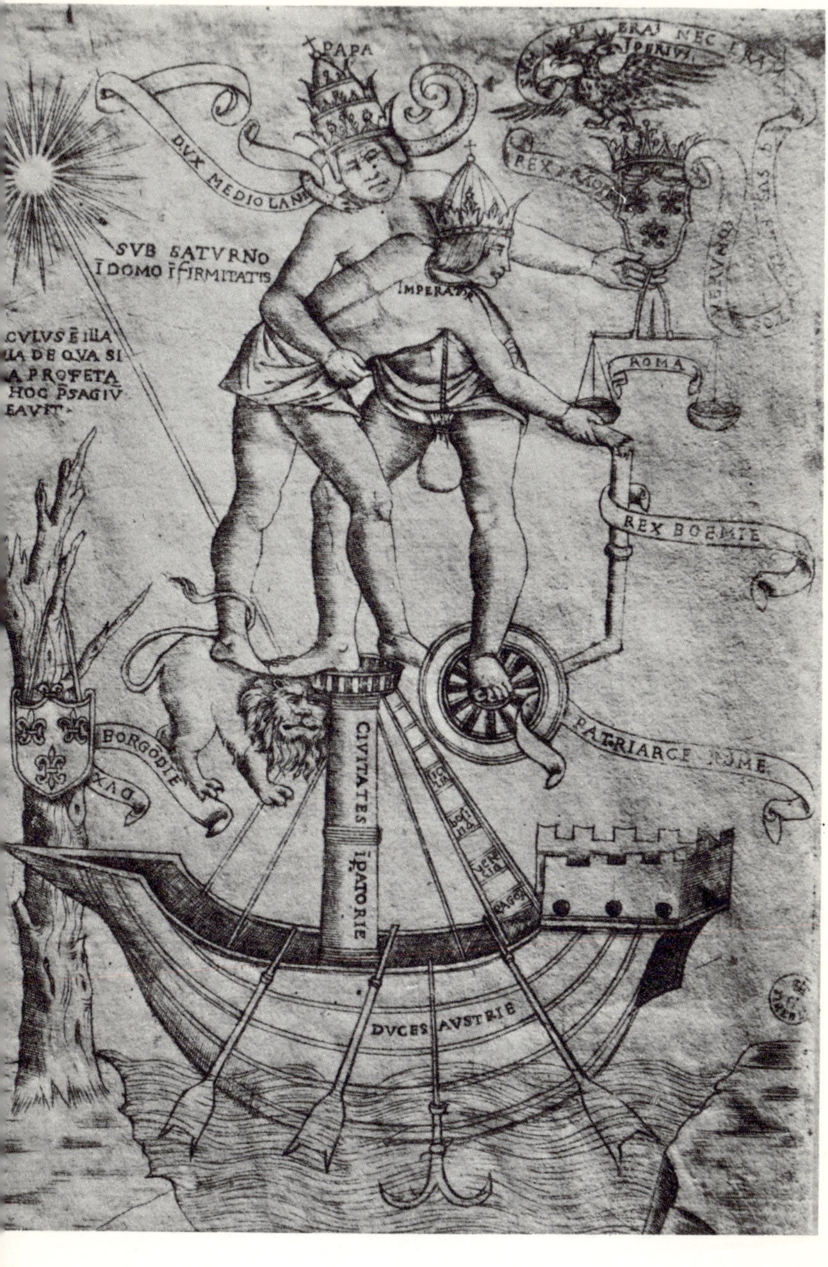
PAPA
SVB SATVRNO
Ī DOMO Ī FIRMITATIS
ROMA
REX BOEMIE
BORGODIE
DVX
CIVITATES
ĪPATORIE
DVCES AVSTRIE

strebten und in fortwährenden aufreibenden Kleinkriegen über die Grenzen drängten, gab es für diesen Expansionstrieb immer nur interne Gründe wie Prestige, Habgier oder Sicherheitsbedürfnis. Schließlich wurden die erfolgreichsten Städte zu Territorialstaaten; keine aber verfügte über den Verwaltungsapparat, die militärische Stärke und die psychologischen Voraussetzungen, um sich weitere Ziele zu stecken.

Und selbst die Territorialgewalt wurde weitgehend unter dem Aspekt der persönlichen Machtentfaltung gesehen. Die Despoten der Renaissance steigerten ihren politischen Einfluß im allgemeinen entsprechend den Möglichkeiten ihrer jeweiligen Situation: sei es durch Krieg, vorteilhafte Erwerbungen oder eine günstige Heirat. Einen für die damalige Zeit geradezu sensationellen Herrschaftsanspruch erhob Gian Galeazzo Visconti (1351 bis 1402), Herzog von Mailand. Ende des 14. Jahrhunderts unterwarf der mailändische Aristokrat Visconti fast die gesamte Lombardei, den größeren Teil der Toskana und eine Anzahl von Städten im Kirchenstaat. Er stand im Begriff, Florenz einzunehmen, als sein plötzlicher Tod diesem Vorhaben ein Ende setzte. Aber auch Visconti schwebte bei seinen Eroberungszügen weniger die Errichtung eines Staates vor Augen als die Ansammlung persönlicher Reichtümer: in seinem Testament verteilte er die unterworfenen Gebiete unter seine Kinder.

**Wiederbelebung der Antike.** Trotzdem hatte das italienische Volk nicht vergessen, daß das ganze Land einst geeint gewesen war. Die jeweiligen Dialekte mochten sich im Druck sehr verschieden ausnehmen, sie waren dennoch alle Variationen einer einzigen Sprache. Im Laufe des 14. Jahrhunderts drang im Zusammenhang mit der Wiederbelebung der Antike der Gedanke einer ursprünglichen Zusammengehörigkeit immer stärker hervor. Gleichzeitig entwickelte sich das Bewußtsein eines gemeinsamen Erbes politischer und kultureller Größe. Die Städte rühmten sich, ihre Entstehung römischen Siedlungen oder Militärlagern zu verdanken. Und obgleich ihre Regierungen sich heftig befehdeten, glaubten doch alle Italiener, daß ihre gemeinsame Kultur fast jeder anderen weit überlegen sei. Wie ihre Vorfahren hielten sie die meisten Nichtitaliener für *barbari*, Barbaren.

In der glorreichen römischen Vergangenheit sahen sie jedoch in erster Linie einen Grund zum Stolz und nicht eine Aufforderung zum Handeln. Nur ein einziges Mal versuchte ein Renaissanceherrscher das Römische Reich wieder zu neuem Leben zu erwecken. Im Jahre 1347 trat Cola di Rienzo (1313–1354), ein junger römischer Notar, an die Spitze der römischen Verwaltung und nahm den alten römischen Titel eines Volkstribuns an. Er bezeichnete sich als Fürsprecher Italiens und Freund der Welt und forderte Italien auf, einem von ihm geplanten Staatenbündnis beizutreten. Die politische Zerrissenheit der Halbinsel war jedoch zu groß, um dem Versuch einer Zentralisierung der Regierungsgewalt Erfolg zu bescheren, und

*Eine einsame Villa aus der Renaissance liegt an einem Abgrund über dem Tal des Tessino bei Spoleto. Eine Straße auf dem Oberteil eines römischen Aquäduktes führte damalige Besucher über die Schlucht zu der heute unzugänglichen Villa.*

Rienzo war ein zu verstiegener Schwärmer, um ernst genommen zu werden. Der florentinische Historiker Giovanni Villani berichtet, daß «Rienzo ganz Italien nach alter Weise der Macht Roms unterwerfen wollte», und fügt die bezeichnende Bemerkung hinzu: «Das Unternehmen war unsinnig und konnte nicht andauern.»

Die Italiener sind kein idealistisches Volk. Ihre stärksten Gefühle richten sich auf die sinnlich wahrnehmbare Welt – auf die Familie, die Geburtsstadt und die sie umgebende Landschaft. Sogar heute noch bedeutet dem Italiener im allgemeinen die Vaterstadt mehr als das Vaterland. Die Italiener der Renaissance wußten mit dem Begriff der Nation verständlicherweise noch weniger anzufangen. «Italien» – das war ein Wort, das von Schlachtenlärm widerhallte, eine aufrüttelnde Parole, die im Kampf gegen die französischen und spanischen Feinde verwendet wurde. Aber es konnte nicht die Vorstellung friedlicher Koexistenz innerhalb der Nation heraufbeschwören. Bündnisse wurden geschlossen, um den Status quo aufrechtzuerhalten, nicht um ihn zu verändern. Machiavelli schrieb einem Freund, der den Zusammenschluß der italienischen Staaten zum Schutz gegen Frankreich und Spanien befürwortet hatte, die sarkastische Antwort: «Daß ich nicht lache.»

**Republikanische Kommunen.** Die einzige Politik, die die italienischen Staaten gemeinsam betrieben, war die Übereinkunft, verschiedener Meinung zu sein, und im Verlauf der Renaissance traten ihre Differenzen immer krasser hervor. Im Mittelalter war die gebräuchlichste Regierungsform die republikanische Kommune, eine freiwillige Organisation der Kaufleute, die die Stadt eigentlich gegründet hatten, indem sie ihre Läden im schutzspendenden Schatten einer Kathedrale, eines Klosters oder einer Burg aufschlugen. In jenen Tagen lagen die Regierungsgeschäfte in den Händen verantwortlicher Männer, die von ihren Mitbürgern, Angehörigen des Kaufmannsstandes, gewählt wurden.

Aber mit wachsendem Wohlstand büßte die Gesellschaft ihre Geschlossenheit ein. Die Rangordnung der Stände zerbrach in eine Vielzahl wirtschaftlicher und sozialer Gruppen, zwischen denen Spannungen und Konflikte entstanden. Diese wiederum führten zu Stauungen, die man zu lösen versuchte, indem man die Regierungsgewalt einem einzelnen übertrug. So traten die Despoten, die *signori,* auf den Plan, Männer, die gerufen wurden oder eingriffen, um eine Notlage zu beheben, und es dann für richtig befanden, nicht mehr abzutreten. Um die Mitte des 15. Jahrhunderts hatte sich dieses Verfahren bereits so weit eingebürgert, daß nur noch wenige echte Republiken übrigblieben. Und nur in einer einzigen überlebte die republikanische Regierungsform, ohne Einschränkungen oder Unterbrechungen zu erleiden.

**Venedig.** Venedig war bis zum 14. Jahrhundert von den politischen und territorialen Verwicklungen auf dem Festland unbehelligt geblieben und hatte sich im Schutz seiner Lagunen ganz auf seinen Überseehandel konzentriert. Venezianische Schiffe bewältigten den Großteil des Pilgerverkehrs in das Heilige Land. Venezianische Handelsleute kauften indische Gewürze und Teppiche, Damast und Edelsteine in Alexandria und Beirut, Holz und Pelze aus Skandinavien, Wolle aus England, Tuch aus Flandern und Wein aus Frankreich. Ein weitreichendes Netz von Handelsniederlassungen in der Ägäis und der Levante hatten Venedig zu dem reichsten italienischen Stadtstaat gemacht und ihm zugleich eine Sonderstellung verschafft, die ihm fremde, unitalienische Wesenszüge aufprägte. In Venedigs Basaren herrschte ein kosmopolitisches Gewühl, zu dem alle Nationalitäten Zugang hatten: fast nirgendwo sonst begegnete man zum Beispiel den Juden so vorurteilslos; sogar Mohammedaner konnten ungehindert hier ihre Waren feilbieten.

Das liberale Geschäftsgebaren begründete Venedigs Wohlstand, erweckte aber auch den Neid der übrigen Christenheit, denn der Reichtum blieb nicht

*Gondeln wiegen sich an den Kaimauern des Canale Grande. Zur Zeit der Renaissance verkehrten in Venedig etwa zehntausend Gondeln, mehr als heute in Gebrauch sind.*

verborgen. Die Pfähle, auf denen die Stadt errichtet war, ächzten unter dem Gewicht der kaufherrlichen Paläste. 1495 berichtete der französische Gesandte Philippe de Commines: «Die Häuser sind sehr groß und hoch, und aus Stein gebaut; die alten sind alle bemalt, solche, die schon hundert Jahre bestehen, sind mit Marmor aus Istrien verkleidet . . . und mit Porphyr und Serpentin eingelegt. Im Inneren haben die meisten . . . reich verzierte Kaminsimse von Marmor, Bettstellen von goldener Farbe, die Portale von derselben, und herrlichste Ausstattungen. Kurz, es ist die prächtigste Stadt, die ich je gesehen, die ehrerbietigste gegen alle Gesandten und Fremden, die, welche am weisesten regiert wird und Gott mit der größten Feierlichkeit huldigt.»

Diese Feierlichkeit offenbarte sich in einem spezifisch venezianischen Brauch. Die religiösen Prozessionen waren ebenso städtische wie kirchliche Veranstaltungen: die Staatsbeamten schritten würdig und prunkvoll Seite an Seite mit den Vertretern der geistlichen Orden einher. San Marco, Venedigs großartigste Kirche, war nicht der Dom der Stadt, sondern die Privatkapelle des Dogen, des Staatsoberhauptes.

*Venedig, «Die Stadt der Schiffe», war in der Renaissance in Italien der Verkehrsknotenpunkt. Hier begannen die meisten Fahrten über Land und Meer. Jede Reise in der Renaissance war ein gewagtes Unternehmen. Die Reisenden mußten mit unbequemen Gasthöfen vorliebnehmen und ständig vor Banditen auf der Hut sein, die an den Straßen und Wegen im Hinterhalt lagen. Ein Wanderer meinte, für eine lange Reise müsse man «den Rücken eines Esels, den Bauch eines Schweins und eine Geduld so breit wie eine Landstraße haben». Dessen ungeachtet bereisten Kaufleute regelmäßig das ganze Land, und Pilger aus allen Gebieten Europas strömten nach Rom, dem Zentrum der Christenheit.*

Beisp. für „Geschäftstüchtigkeit" d. venez. Kaufleute: bei Kreuzfahrern verlangten sie sofort Zahlung d. Rückpassage (obwohl oft weniger als die Hälfte zurückkam). Die Schiffe fuhren nach d. Ausschiffung in Palästina weiter nach Alexandria, um dort wieder Ware an Bord zu nehmen, für die auch Fracht bezahlt werden mußte.

**Staatlich gemanagte Seeschiffahrt.** Überhaupt spielte der Staat eine einzigartige Rolle im Leben Venedigs. Er beherrschte nicht nur die Kirche, ihm gehörte auch das größte Wirtschaftsunternehmen, die riesige Werftanlage des Arsenals. Das Arsenal vermietete die staatlichen Galeeren an Privatkaufleute; und obgleich jeder Kaufmann seine Geschäfte nach Gutdünken betrieb, wurde Venedigs Handel insgesamt vom Staat gelenkt. Der Staat vergab die Lizenzen für den Überseehandel und bestimmte die Fahrtzeiten und Routen der sechs Handelskonvois, die jährlich von Venedig ausliefen: ein Transport ging nach Griechenland und Konstantinopel; einer zum Schwarzen Meer; je einer nach Syrien, Ägypten und an die Nordküste Afrikas; und einer nach England und Flandern. Ferner wurden Vorschriften erlassen, die verhindern sollten, daß irgendein Lizenzträger zu reich wurde oder in Gefahr geriet, bankrott zu machen.

Der venezianische Kapitalist akzeptierte diese Maßnahmen, weil er eingesehen hatte, daß seine persönlichen Interessen mit denen des Staates eng verknüpft waren. Die Kriegsflotte sicherte die Seewege, die seine Frachtschiffe benutzten. Die Diplomaten handelten die Verträge aus, die ihm den Import von Waren aus entfernten, zuweilen feindlichen Ländern garantierten. Die Steuern, die er zahlen mußte, wurden ihm von Leuten auferlegt, deren Belange identisch mit den seinen waren, denn die Regierung bestand aus Männern seines Schlages.

**Die Regierungspyramide.** Die politische Macht in der Republik Venedig lag in den Händen der Angehörigen von etwa 200 Patrizierfamilien. Diese Männer bildeten den Großen Rat, auf dem die Regierungspyramide ruhte. Der Rat wählte die Mitglieder des Senats, der gesetzgebenden Körperschaft, und auch, direkt oder indirekt, die Mitglieder der viel kleineren Exekutive, des Collegio (oder Kabinetts) sowie den Dogen und seine sechs Ratsherren.

Ferner gab es den Rat der Zehn, ein den pyramidenförmigen Aufbau der Regierung erweiterndes Gremium, das jährlich vom Großen Rat gewählt wurde, um in Notfällen für die Sicherheit des Staates zu sorgen. Rasches Handeln zeichnete den Rat der Zehn aus, Stetigkeit das auf Lebenszeit verliehene Dogenamt – beiden verdankte Venedig die Fähigkeit, äußere Krisen zu bewältigen, ohne zugleich in innere verstrickt zu werden. Wenn andere Staaten in Kriege verwickelt oder in finanzielle Katastrophen gestürzt wurden, verjagten sie ihre Führer oder experimentierten an ihrer Regierungsstruktur herum. Venedigs Regierung hingegen funktionierte selbst in den unseligsten Zeiten. Das wäre jedoch nicht möglich gewesen, wenn in der gesamten Bevölkerung nicht ein starkes Gefühl der Einigkeit gelebt hätte.

Venedig hatte im Gegensatz zu anderen italienischen Städten keine alte, auf Grundbesitz fußende Aristokratie, die in dem neuen Kaufmannsstand hätte aufgehen können. Obgleich die Mitglieder des Großen Rates sich stolz als Adlige betrachteten, hatten sie sich seit Generationen mit Handelsgeschäf-

*Ca' D'oro, ein venezianischer, einst mit Blattgold belegter Palast aus dem 15. Jahrhundert, verbindet gotische und arabische Stilelemente.*

ten befaßt und sahen nichts Erniedrigendes darin. Als Kaufleute unterhielten sie gute Beziehungen zu den Handwerkern, mit denen sie ja auch geschäftlich verkehrten, und sie waren klug genug, diese an den patriotischen und religiösen Festlichkeiten, die eine Eigentümlichkeit des venezianischen Lebens bildeten, teilnehmen zu lassen. Es gab in Venedig keine Attentate und keine Volksaufstände, und die Gruppenrivalität, die die Verwaltungsarbeit anderer republikanischer Staaten erschwerte, konnte sich hier nicht entfalten.

Dennoch übten die Renaissancerepubliken, die scheiterten, einen viel größeren Einfluß auf spätere republikanische Staatsgründungen aus als

*Das Arsenal von Venedig zeigt dieser Kupferstich. Der erläuternde italienische Text sagt, daß hinter diesem Tor «Galeeren und andere Kriegsschiffe gebaut werden; die Leute, die man sieht, sind die Arbeiter». Die zweite Unterschrift lautet: «Hier werden die Arbeiter*

Venedig, dessen Verfassung hervorragend funktionierte. Das liegt wohl daran, daß die Anfänge modernen politischen Denkens aus dem Bewußtsein menschlichen Versagens und einem damit zusammenhängenden Interesse für seelische Motivationen entstanden. Nicht das mächtige Venedig, sondern das sinkende Florenz brachte Machiavelli hervor, den schöpferichsten politischen Denker der Renaissance. Machiavelli ging es nicht darum, Siege zu feiern, er wollte die Gründe der Niederlagen analysieren. Seine Vaterstadt war im Gegensatz zu Venedig nicht von einem die Bevölkerung einigenden Wirtschaftsstreben getragen, sondern in viele sich bekämpfende Klassen zerfallen.

**Die Schwierigkeiten der anderen.** In Florenz hatten sich Bankwesen, Gewerbe und Handel kräftig entwickelt, und die florentinischen Geschäftsleute versuchten nicht selten, sich gegenseitig auszustechen. Aber gleichzeitig war jeder Wirtschaftszweig inneren Belastungen ausgesetzt. Die Fabrikanten litten unter der ausländischen Konkurrenz, den schwankenden Preisen und den Schwierigkeiten bei der Beschaffung von Rohmaterial, besondes von Wolle für die Textilherstellung. Die Bankiers verliehen ihr Geld an ausländische Fürsten auf der Basis so zweifelhafter Sicherheiten wie zukünftiger Steuererträge; dadurch geriet die Stabilität ihrer Firmen in die Abhängigkeit von Instanzen, die außerhalb ihrer Kontrolle lagen. Zu diesen Problemen traten unerwartete Katastrophen wie die Pest, die um die Mitte des 14. Jahrhunderts die Hälfte der für die florentinischen Gewerbeunternehmen lebenswichtigen Arbeiterschaft dahinraffte. (Auch Venedig wurde betroffen, aber da es hauptsächlich vom Handel lebte, wirkte sich der Verlust von Menschen nicht so verheerend auf seine Wirtschaft aus.)

Was aber die meisten Republiken zu Fall brachte und die übrigen zeitweise heftig erschütterte, das waren die Kämpfe zwischen den verschiedenen Klassen. Alle versuchten, die wirtschaftlichen Vorteile des Stadtlebens nach Kräften auszunutzen, und einige waren darüber hinaus bestrebt, das Prestige ihrer höheren Geburt ins Treffen zu führen. Die Abkömmlinge der alten Aristokratie hatten, obwohl sie seit Generationen in der Stadt wohnten, ihre Verachtung des Bürgers und ihre feudalen Neigungen beibehalten.

In der zweiten Hälfte des 15. Jahrhunderts steigerte sich das Standesbewußtsein dieser Klasse noch, weil zum Beispiel die Könige von Neapel und die Sforza, die Herzöge von Mailand, ihren Militärbefehlshabern in wachsendem Maße Land übertrugen und die Angehörigen des Adels mit der Verwaltung ihrer außerhalb gelegenen Besitzungen betrauten. In den Repu-

*bezahlt». Die staatliche Werft entwickelte sich zum größten Industrieunternehmen der Renaissance. Sie beschäftigte Tausende von Arbeitern; die Herstellungsmethoden ähnelten in wesentlichen Produktionsprozessen der modernen Fließbandtechnik.*

*«Münder der Wahrheit» schmückten die Fassaden venezianischer Regierungsgebäude. In die Münder der Masken steckten die Venezianer Anzeigen mutmaßlicher Verbrecher. Dieser Kopf diente der «geheimen Denunziation von Schmugglern».*

bliken war es der begüterte, gehobene Mittelstand, der Geschmack und Gehabe des Ritteradels übernahm und dadurch den Abstand zu den unteren Schichten betonte.

**Die «dicken Leute» und die «kleinen Leute».** Weiterhin gab es den Kaufmannsstand, der einerseits durch Rivalitäten zwischen einzelnen Familien und andererseits durch den Gegensatz zwischen den alteingesessenen Familien und den «Parvenus» gespalten war. Die einen hatten den wirtschaftlichen Wohlstand des Staates begründet und bildeten das Patriziat; die anderen brachen durch ihre geschäftliche Initiative und vorteilhafte Heiraten ständig in die Exklusivität dieser Gruppe ein. Die Mitglieder beider Gruppen, die die Arbeitgeberklasse ausmachten, wurden *popolo grasso*, die «dicken Leute» genannt. Nach ihnen kam der *popolo minuto*, die «kleinen Leute», die sich aus Ladeninhabern, Handwerkern, Notaren und Kaufleuten mit kleinen Familienbetrieben zusammensetzten. Auf der niedrigsten Stufe stand die zahlenmäßig stärkste Gruppe der ungelernten oder halbausgebildeten Arbeiter, die nur bei Revolutionen von der Geschichte registriert werden.

*In den Mund dieses Kopfes wurden Hinweise zur Entlarvung von Bestechern und Personen gesteckt, «die Zuwendungen und Belohnungen verbergen». Bei einer falschen Beschuldigung mußte der Informant eine Geldstrafe zahlen.*

**Die hoffnungslose Situation des Arbeiters in der Renaissance.** Über diese größte Klasse wissen wir am wenigsten. Uns ist kein Brief, kein Tagebuch, kein Denkmal des Arbeiters der Renaissance überliefert. Aus Taufregistern können wir seinen Namen, aus Heiratsurkunden seinen Ehepartner, aus Sterbepapieren seine Todesursache erschließen. Aber der Mensch selbst bleibt stumm. Wahrscheinlich mußten die meisten seines Standes mit dem Existenzminimum auskommen. Die Angehörigen dieses Standes waren, abgesehen von dem kurzen Zeitraum zwischen 1378 und 1382, als die Florentiner Textilarbeiter einen Aufstand initiierten und sich eine Stimme in der Regierung erkämpften, nicht organisiert und besaßen infolgedessen auch keine politische Macht. Es war ihnen nicht gestattet, sich zu Zünften zusammenzuschließen und sich auf diese Weise gegen ihre Dienstherren zu schützen. Der Gesellschaft ging es nur darum, aus ihrer Arbeit Profit zu schlagen.

Der anhaltende Zustrom von Bauern in die Stadt erzeugte eine ständige Arbeitslosigkeit, die nur durch die Jahrzehnte der Unterbevölkerung unterbrochen wurde, die dem Massensterben während der Pest 1348 folgten. Die Arbeiter konnten es sich nicht leisten zu streiken. Sie konnten nicht einmal

*Da ın Venedig auf alle Erzeugnisse Zoll erhoben wurde, schlugen die Händler ihre Stände gern außerhalb der Stadt auf («Obsthändlerin» von Vincenzo Campi, 1536–1591).*

durch Verweigerungen des Heeresdienstes Druck ausüben, da die meisten Regierungen sich nicht auf Bürgersoldaten, sondern auf Söldner stützten. Jeglicher Versuch, sich zum Zweck des Protestes gegen die Arbeitsbedingungen zu verbünden, wurde sogleich von den Zünften der Kaufleute und Ladeninhaber aufgedeckt und empfindlich bestraft.

Für einen armen Mann gab es damals tatsächlich keine Mittel und Wege, seine Situation zu verbessern — es sei denn, er verdingte sich als Söldner. In der Schlacht konnte er sich durch Tapferkeit auszeichnen, im Arbeitsprozeß blieb er anonym. Patrizische Handelsherren behaupteten zwar, daß ihre Söhne das Geschäft von Grund auf lernen müßten, aber der «Grund» war in diesem Fall der nach vorn gelegene Laden, nicht die Produktionsstätte. Die Existenz eines Proletariats läßt sich nur mittelbar rekonstruieren: es gibt literarische Anspielungen auf den Witz und die Schlagfertigkeit des einfachen Mannes und Hinweise auf Politiker, die in Krisenzeiten die dunkle Drohung des Volkes spürten und um seine Gunst warben. Aber als direkt erkennbare Macht tritt die Arbeiterklasse jener Epoche nicht ins Blickfeld.

**Bankkonkurse, Akademiker und Handwerker.** Anders steht es um die anderen drei Gruppen: den Adel, den *popolo grasso* und den *popolo minuto.* Ihr Ehrgeiz, die öffentlichen Angelegenheiten mitzubestimmen, stürzte die Regierungen der meisten Republiken in heillose politische Verwirrung. In Siena zum Beispiel waren die Adligen schon vor 1355 aus den öffentlichen Ämtern entfernt worden, und die Stadt wurde durch eine Gruppe reicher Bankiers und Gewerbetreibender aus dem oberen Mittelstand regiert. Nach einer Serie von Bankkonkursen wurde diese Gruppe dann im selben Jahr durch eine Regierung von Bürgern aus dem mittleren Mittelstand — Richtern, Notaren und Ärzten — ersetzt. 1369 war die Macht infolge einer Reihe von Aufständen auf kleine Kaufleute und aufstrebende Handwerker aus dem unteren Mittelstand übergegangen. Ein weiterer Aufruhr im Jahre 1371 zielte darauf ab, die Regierungsgewalt auf eine noch niedrigere Stufe der sozialen Rangordnung zu verlegen; aber dieser Versuch scheiterte. Danach folgten 14 Jahre kleinerer Krisen, bis schließlich 1385 eine halbwegs gefestigte Verwaltung aus einer unsicheren Koalition aller drei Gruppen des Mittelstandes gebildet wurde.

In Genua herrschte ähnliche Verwirrung im Innern, die noch durch Einmischung von außen gesteigert wurde. Mailand begehrte die Stadt als Exporthafen. Frankreich wollte sie für den Kriegsfall als Einfallstor zur italienischen Halbinsel haben. Während der Renaissance mußte sich Genua verschiedentlich die Oberhoheit der einen oder anderen Macht gefallen lassen.

Seit 1499 wurde die Stadt beinahe ein Jahrzehnt lang von einem französischen Gouverneur unter Mithilfe der Genueser Aristokratie beherrscht.

Der *popolo grasso*, den der Verlust der politischen Macht eigentlich zu einem Bündnis mit dem *popolo minuto* hätte zwingen müssen, zögerte – teils aus Abneigung gegen den unteren Mittelstand, teils aus Sympathie mit der aristokratischen Lebensform. Durch sein Zaudern verpaßte er die Chance, eine entscheidende Funktion in der Regierung zu übernehmen. An seiner Stelle ergriffen der *popolo minuto* und die Arbeiter die Initiative und zettelten einen Aufstand an, der 1507 blutig niedergeschlagen wurde. Danach herrschte die Aristokratie in Genua, das fortan nur noch nominell als Republik bestand.

**Die Glocke von Florenz schwieg.** Um die Mitte des 16. Jahrhunderts hatten die Kaufmannskommunen in ganz Italien zu existieren aufgehört. Die Handelsleute verließen nachmittags nicht mehr ihre Kontore, um in Ratsversammlungen über Staatsgeschäfte zu diskutieren. Die große Glocke von Florenz rief die Bürger der Stadt nicht mehr auf, einem Wechsel in der Regierung zuzustimmen. Die Staaten wurden von Fürsten regiert und von fürstlichen Höfen beherrscht, deren Mitglieder manchmal aus alten Adelsgeschlechtern stammten, öfter jedoch geadelte Kaufleute waren. Fast scheint es, als hätte der Feudalherr des Mittelalters die «demokratische Welle» überstanden und nur den rechten Augenblick abgewartet, um im Triumph zurückzukehren – diesmal mit einem Bilanzbogen, statt mit einer Lanze bewaffnet.

Die Italiener hatten ihre plebejische Experimentierphase überwunden und damit einen der großen geschichtlichen Versuche, die Volksherrschaft zu errichten, hinter sich gelassen. Die Republiken hatten ihre Mängel: ihren Verwaltungsorganen, die eine Mitgliedschaftsdauer von gewöhnlich nur sechs Monaten vorsahen, fehlte die nötige Kontinuität; durch ihr auf Wahl und Los gegründetes Berufungssystem gerieten oft ungeeignete Männer in die wichtigsten Ämter. Aber trotz all ihrer Fehlerquellen bot diese Regierungsform unvergleichliche Möglichkeiten.

**Italiens Kopfsprung in den Kapitalismus.** Der durchschnittlich situierte Italiener jener Epoche war besser als irgendein anderer Zeitgenosse dazu befähigt, das Geschick seines Staates mitzubestimmen. Und die Staatsgebilde jener Zeit gaben ihm wegen ihres übersehbaren Umfangs eine einzigartige Gelegenheit, die Regierungsgeschäfte von Grund auf kennenzulernen. Da er sich unaufhörlich mit politischen Krisen und Experimenten auseinandersetzen mußte, konnte er als das erfahrendste politische Wesen im Europa der Renaissance gelten.

Ähnlich verhält es sich mit den italienischen Kaufleuten und Bankiers. Italiens Kopfsprung in den Kapitalismus, in eine Wirtschaftsstruktur, die weniger auf Grundbesitz als auf Geldwert basierte, ermöglichte ihnen, die Seuchen und wirtschaftlichen Depressionen zu überstehen, die im 14. und

15. Jahrhundert über Europa hereinbrachen. Anfangs wurden die italienischen Geschäftsleute von diesen Schicksalsschlägen hart getroffen, denn das komplizierte System des Kapitalismus reagiert empfindlich auf Katastrophen. Aber dank ihres Geschicks und ihrer fundierten Kenntnis wirtschaftlicher Zusammenhänge gelang es den italienischen Geschäftsleuten schließlich, derartige Krisen aufzufangen und zu überwinden.

Die Italiener waren jedoch nicht nur in politischer und wirtschaftlicher Hinsicht wendiger als ihre europäischen Zeitgenossen — sie waren auch gebildeter. Das italienische Volk als Ganzes nahm Anteil an der humanistischen Bildungsbewegung und interessierte sich für viele Dinge, die jenseits des bloßen Broterwerbs lagen. Die unendlichen Schattierungen im öffentlichen Leben Italiens gewährten allen Bürgern einen nahezu unbegrenzten Spielraum, ihre Talente — ob künstlerischer oder geschäftlicher Natur — zu entfalten und im freien Wettbewerb zu steigern.

# 3. Sitten und Moral

Die italienische Renaissance lebte dem übrigen Europa und einer in fortschreitender Urbanisierung befindlichen Nachwelt das Muster einer Stadtkultur vor. Die italienische Stadt war mehr als ein Handelsplatz oder ein Verwaltungszentrum. Sie war ein Ort, in dem man sein Leben verbringen konnte, eine Stätte der Arbeit und Unterhaltung — nicht nur für eine an höheren Komfort gewöhnte Bourgeoisie, sondern auch für eine Aristokratie, die überall sonst in Europa ein exklusives Dasein in der Abgeschiedenheit ihrer Güter führte.

Die italienischen Bürger suchten die ländliche Umgebung nur vorübergehend auf. Viele Kaufleute und Händler besaßen Weinberge und Olivenhaine, um die sie sich während der Erntewochen kümmerten. Die Reichen und Mächtigen bauten sich, einem Mode-Trend folgend, eine Villa auf dem Lande. Das kam der wachsenden Neigung zu aristokratischen Beschäftigungen, wie der Jagd und der Falkenbeize, entgegen und verlieh einer erfolgreichen politischen oder geschäftlichen Karriere das Gepräge kostspieligen Müßiggangs. Die Villen der Medici in Cafaggiolo und Careggi, die Landhäuser der Sforza in Vigévano, der Palast Schifanoia der Herzöge von Ferrara — sie alle waren Sommersitze. Das eigentliche Leben spielte sich in den Städten ab. Fürsten, Bankiers und Händler kehrten mit Freuden aus Feldern und Wäldern zurück, die sicherlich schön waren und sich auch oft rentierten, die sie aber als unzivilisierte, von Barbaren bevölkerte Wildnis empfanden.

**Ein neues bürgerliches Ideal.** Für Stadtbewohner verfaßten Schriftsteller wie Leon Battista Alberti und Matteo Palmieri in der ersten Hälfte des 15. Jahrhunderts kunstvolle philosophische Traktate über das Familienleben. Diese Schriftsteller betrachteten das Haus als die Pflegestätte der Tugenden, die einem gesunden Staatswesen zugrunde liegen: Sparsamkeit, Mäßigkeit und Gemeinsinn. Die ideale Familie sollte ihre Kinder nicht zu einem Leben in gelehrter Abgeschiedenheit oder vornehmer Exklusivität, sondern zu tätiger Verantwortung für den Staat erziehen. Würdiges und

*Lucrezia Borgia (1480—1519) war eine jener geistvollen, typischen Renaissancefürstinnen. Sie war viermal verheiratet. Namhafte Künster, wie zum Beispiel Aldus Manutius und Tizian, waren häufig zu Gast an ihrem Hof in Ferrara. Sie war beim Volk sehr beliebt und führte einen untadeligen Lebenswandel. 1519 starb sie nach einer Fehlgeburt. Ihr schlechter Ruf entstand durch Verleumdung. Links: Blick in das Schlafzimmer der Lucrezia Borgia in ihrem Schloß in Rom.*

beherrschtes Verhalten im häuslichen Bezirk, Dienst an der Gemeinschaft im öffentlichen Bereich: das war das neue Ethos des Bürgertums. Es rückte neben die beiden Vorbilder mittelalterlicher Lebensform – das weltliche des ritterlich-höfischen Lebensstils und das religiöse des priesterlichen oder mönchischen Daseins.

Das neue bürgerliche Ideal ergab sich aus den beruflichen Bedingungen: ein Kaufmann mußte vertrauenswürdig erscheinen und zugleich umsichtig und schlau sein. Zwei Dinge bewahrten dieses Ideal davor, zu einem Leitbild krassen Erwerbssinns zu entarten: erstens die Überzeugung, daß die Verpflichtung gegenüber dem Staat eine Notwendigkeit sei, weil Handel und Wandel nur in seinem Schutz gedeihen konnten; zweitens die Beeinflussung durch Schriftsteller wie Petrarca und Leonardo Bruni, die den bürgerlichen Tugenden zu hohem Ansehen verhalfen, indem sie sie mit dem politischen und wirtschaftlichen Aufstieg im alten Rom verknüpften.

**Bildungsprinzipien und Erziehungsprogramme.** Petrarca glaubte zwar, daß das Haltungsideal in der Verbindung so gegensätzlicher Tugenden wie der Selbstgenügsamkeit und dem Gemeinsinn liege, aber er stellte diese Auffassung nie anders als in Form einer philosophischen Theorie dar. Erst Pietro Paolo Vergerio (1370–1444) entwickelte daraus 1404 ein Erziehungssystem. In seiner Abhandlung ‹*De ingenuis moribus*› (Über edle Sitten) erkannte Vergerio den Sinn der Erziehung nicht allein in der Ausbildung zum Gelehrten, sondern vor allem in der Formung des Charakters und in der Vorbereitung des Kindes auf ein tätiges, den Wettbewerb der Kräfte nicht scheuendes Leben in der Gemeinschaft. Diese Ziele unterschieden sich grundlegend vom mittelalterlichen Erziehungsprogramm, das die Aneignung genau vorgeschriebener Wissensstoffe und das Auswendiglernen von Sentenzen vorsah.

**Vittorino und Guarino.** Die neuen Bildungsprinzipien wurden von Vittorino da Feltre (1378–1446) und Guarino da Verona (1374–1460), den zwei bedeutendsten Schulmeistern der Renaissance, verwirklicht. Ihre beiden Schulen – die eine in Mantua, die andere in Ferrara – waren ursprünglich für die Kinder der fürstlichen Herrscher dieser Städte, der Geschlechter Gonzaga und Este, gegründet worden. Aber Vittorino und Guarino nahmen in der Folgezeit auch begabte Knaben armer Familien auf. Aus allen Teilen Italiens bewarben sich Eltern um die Aufnahme ihrer Söhne in die beiden Schulen, und auf diese Weise beeinflußten die Bildungsziele der Gründer auch andere Erziehungsanstalten der italienischen Halbinsel.

Vittorino vertrat die Auffassung, daß man den Wissensstoff attraktiv darbieten könne. Er unterrichtete Lesen und Schreiben vermittels beweglicher Buchstaben und die Grundformen der Arithmetik mit Hilfe von Spielen. In die klassische Literatur führte er seine Schüler durch Geschichten und Gespräche über ihren Inhalt ein. In den unteren Jahrgängen wurde noch Religion gelehrt, in den höheren Klassen konzentrierte sich der Unterricht auf griechische und – vor allem – römische Literatur. Die moralische Unterweisung stützte sich im allgemeinen auf klassische römische Texte, weniger auf moderne Werke, da die heidnischen Autoren ein reineres Latein schrieben als die christlichen Gelehrten. Cicero galt wegen seiner Schriften über die Rhetorik als der wichtigste Autor. Die Kunst der überzeugenden Rede wurde besonders gepflegt, da sie als unentbehrliches Instrument für eine Karriere im Staatsdienst angesehen wurde. Um das Studium der antiken Rhetorik praktisch zu ergänzen, wurden die Schüler häufig dazu angeleitet, sich die Ansprachen zeitgenössischer Politiker oder die Verteidigungsreden berühmter Anwälte vor Gericht anzuhören. Stets wurde betont, daß das Erwerben von Wissen weniger der Zierde als dem lebendigen, täglichen Gebrauch diene.

Die in der Renaissance vertretene Ansicht, daß das Studium der griechischen und römischen Klassiker die beste Verstandesübung sei, hatte nachhaltigen Einfluß auf spätere Erziehungstheorien. In dieser und anderer Hinsicht kann Vittorinos Lehranstalt als Vorläufer der englischen *public schools* gelten. Von stoischer Ethik angeregt, trat er für eine spartanische Lebensführung ein. Er fand, daß lautes Lesen ein wirksameres Mittel gegen die Kälte sei als ein behagliches Feuer. Den Spielplatz betrachtete er als Ventil für überschüssige Energien und als Übungsfeld für Mut, Disziplin und Kameradschaftsgeist.

Beide, Vittorino und Guarino, setzten sich dafür ein, daß neben Mannschaftsspielen auch Reiten und Schwimmen zu ihrem Recht kamen. Unentschlossene wurden von Guarino mit einem charakteristischen Hinweis auf die Antike zur Aktivität angetrieben: «Es ist wichtiger, sich vor Augen zu führen, wie viele ausgezeichnete Männer gute Schwimmer gewesen sind. Es mag genügen, Horatius Cocles, Alexander und Cäsar zu erwähnen.» Der Ritterstand war seit eh und je zum Waffenhandwerk erzogen worden. Als aber die Lehrer der Renaissance erkannten, daß gewisse römische Autoren den Wert körperlicher Tüchtigkeit bei einfachen Soldaten betonten, und als sie von der Bedeutung der Kampfspiele im alten Griechenland erfuhren, begannen sie, auch in ihren Schulen die Leibeserziehung einzuführen. Die Philosophie des *mens sana in corpore sano* (ein gesunder Verstand in einem gesunden Körper) hat also im christlichen Abendland eine Tradition von mehr als fünf Jahrhunderten.

**Konversation als Mittel gegen die Langeweile.** Im Erziehungsprogramm der Renaissance lag die Ausbildung des Knaben und Jünglings zu einer Persönlichkeit, die sich in allen Lebensbezirken kenntnisreich und voll Anmut bewegen konnte. Das Gebot der Anmut ergab sich wiederum aus den Bedingungen der Stadtkultur: die verschiedensten Schichten der Gesell-

schaft trafen hier zusammen, und es kam darauf an, sich ungezwungen und wirkungsvoll einzufügen. Es entstand die Kunst der Konversation und mit ihr die Überzeugung, daß Langweiligkeit eine der schlimmsten Gesellschaftssünden sei. Ein Anstandsbuch des 16. Jahrhunderts rügt das unverzeihliche Verhalten «jener Leute, die über nichts anderes sprechen können als über ihre Kinder, ihre Ehefrauen und ihre Ammen» und «uns bei jeder Gelegenheit ihre Träume erzählen». Derartige Bedenken lassen vermuten, daß die Unterhaltung bei offiziellen und inoffiziellen gesellschaftlichen Anlässen eine wichtige Rolle spielte. Das Anschwellen der Dialogliteratur bestätigt diese Annahme. Die klassischen Muster des Wechselgesprächs, wie Platons *‹Dialoge›*, wurden von einer wahren Sturzflut humanistischer Bücher in Dialogform in den Hintergrund gedrängt. Der Humanismus pflegte die Dialogliteratur als lebhaften Meinungsaustausch individuell charakterisierter Unterredner. Die Italiener liebten die Konversation und beherrschten ihre Regeln meisterhaft.

**Die Rolle der Frau.** Aus der Tatsache, daß in diesen Dialogen Frauen durchaus selbstverständlich als Gesprächspartner auftreten, könnte man schließen, daß die Stellung der Frau in der Renaissance eine erfreuliche Aufwertung erfuhr. In Wirklichkeit war das, von seltenen Ausnahmen abgesehen, nicht der Fall. Durch Erbrecht oder Heirat glückte es zwar einigen intelligenten und vitalen Frauen, im öffentlichen Leben eine Rolle zu spielen – so Isabella d'Este, die zu den leidenschaftlichsten Förderern der Künste in der Renaissance zählte, oder Katharina Sforza, die mit der Energie und Geschicklichkeit eines geborenen Soldaten ihre Stadt Forlì gegen Cesare Borgia verteidigte. Aber von den durchschnittlichen Frauen wurde immer noch erwartet, daß sie den Mund hielten und ihre Gelehrsamkeit nicht offenbarten.

Im 14. Jahrhundert schrieb ein florentinischer Kaufmann strenge: «Die Frau ist ein leichtfertig und eitel Ding . . . Wer Frauen im Hause hat, verschließe sie so fest als möglich und sehe oft nach ihnen und versetze sie in Furcht und Zittern.» Am Ende des 15. Jahrhunderts sagte der florentinische Buchhändler Vespasiano da Bisticci unter Berufung auf zwei wichtige, von Paulus aufgestellte Verhaltungsmaßregeln für Frauen ungefähr dasselbe: «Die erste ist, daß sie ihre Kinder gottesfürchtig aufziehen, und die zweite, daß sie in der Kirche stille sind, und ich will hinzufügen, daß sie auch andernorts den Mund halten sollen.»

*Pädagogen der Renaissance erblickten in der körperlichen Ertüchtigung ein wichtiges Element der Erziehung und führten Leibesübungen als tägliches Fach in den Lehrplan ein. Links: Eine vornehme Italienerin beim Ballspiel. Das Spiel, das hier gezeigt wird, «giuoco della palla», war ein Vorläufer des heutigen Tennis.*

**«Spucken und Kratzen während der Mahlzeiten verboten.»** Vespasianos Kritik ist Bestandteil der gewaltig anschwellenden pädagogischen Literatur über gute Sitten. Ein großer Teil dieser moralischen Schriften diente dem Ziel, Neureiche im rechten Benehmen zu unterweisen. In anderen Fällen formulierten diese Sittenregeln das Persönlichkeits- und Verhaltensideal der Oberschicht, um sie dadurch gegen Außenseiter abzuriegeln. Die ersten Anstandsbücher, die in den blühenden Handelskommunen des 13. Jahrhunderts entstanden, befaßten sich mit so elementaren Fragen wie Sauberkeit und Tischmanieren. Um 1290 behauptet Fra Bonvicino da Riva in seiner Schrift *‹Von den fünfzig Sitten bei Tische›*: «Wer sich sinnlos betrinkt, sündigt in dreifacher Weise: er schadet seinem Leib und seiner Seele, und er verliert den Wein, den er verzehrt.» Die Bedeutung und Verbreitung dieser sogenannten «Tischzuchten» erklärt sich aus der Primitivität der damaligen Eßgepflogenheiten. Der Gebrauch des Bestecks war noch weithin unbekannt, und es war durchaus üblich, daß mehrere Personen von einem Teller aßen.

Allmählich jedoch festigte sich die gesellschaftliche Ordnung. Es gab immer weniger Bücher, die vom Spucken und Kratzen während der Mahlzeit handelten, und immer mehr, die das allgemeine Betragen einer ganzen Schicht, besonders des Mittelstandes, vorführten.

Diese Werke paßten sich den sorgfältig gegliederten Lebensformen einer städtischen Kultur an, die für alle möglichen Anlässe Vorschriften bereithielt: das betraf die Stoffe, aus denen Kleider gearbeitet wurden, den Wert des Schmucks, den Frauen tragen durften, die Anzahl der Gäste, die man zu einem Festessen einladen konnte, sogar das Tafelgeschirr (nicht zuviel Silber oder Gold), auf dem die Gerichte (nicht zu viele Gänge) serviert wurden. In diesen den Aufwand einschränkenden Etikettengesetzen wirkte noch ein Hauch der mittelalterlichen Enthaltsamkeit fort. Allerdings hatten sie auch wirtschaftliche und sogar politische Gründe: es galt, den Verbrauch importierter Luxusgüter zugunsten einheimischer Erzeugnisse einzudämmen und ein allzu auffälliges Protzentum zu vermeiden, um den Klassenneid zu beschwichtigen.

**Kavalier und Liebling der Fürsten und Frauen.** Das einflußreichste Anstandsbuch der italienischen Renaissance war wohl *‹Der Hofmann›* des Grafen Baldassare Castiglione (1478–1529): die Aufzeichnung einer Reihe von Gesprächen, die wahrscheinlich um 1507 am Hof von Urbino stattfanden. Die in diesem Werk empfohlene Gesinnung und Gesittung galt in ganz Europa als Vorbild. Castiglione entwickelte hier in Dialogform das Ideal des vollendeten Kavaliers, eines Lieblings der Fürsten und Frauen, in dem sich ritterliche Tugenden und humanistische Bildung durchdringen. Der Charme und die sprachliche Grazie des Buches erheben es in den Rang großer Literatur.

*Das Schachspiel, ein beliebter Zeitvertreib bei Hofe und im Wirtshaus, galt als «angenehmes und kunstvolles Vergnügen», wenn man es nicht zu ernst nahm.*

**«Gute Männer kommen aus guten Familien.»** Dieses Porträt des Herrn, der eine Fülle von Talenten anmutig in sich vereint, hat dennoch seine Schattenseiten. Es ist das Dokument eines ausgeprägten Standesbewußtseins, geschrieben von einem Herren für andere Herren und besonders für jene Herren, die zum Hofstaat eines Fürsten gehörten. Castiglione warnt den Hofmann davor, sich allzu ungezwungenen Umgang mit tiefergestellten Personen zu erniedrigen. Er solle sich nicht in einen Ringkampf mit Bauern einlassen, «wenn er seines Sieges nicht ganz sicher ist». Gelegentlich wird er mit dem niederen Volk in Berührung kommen müssen, doch solle er dabei Zurückhaltung walten lassen, damit aus Vertraulichkeit nicht Verachtung entstehe, «denn es gibt auf der Welt kein so vollkommenes Ding,

*Eine Schneeballschlacht bot Gelegenheit zum Spiel in freier Natur. Die Szene*

daß seiner der Pöbel nicht endlich satt wird und es gering achtet, wenn er es zu häufig sieht». Er besteht auf der Grundbedingung des Hofmannes, der adligen Geburt, denn: gute Männer kommen aus guten Familien. Da Castiglione die gesellschaftliche Stufenordnung des frühen 16. Jahrhunderts – in einem kleinen autokratisch regierten Staat – als gegeben hinnahm, verschloß er sich der Tatsache, daß Italiens Kultur auf dem Nährboden der Blutsmischung gewachsen war.

So wandte er sich nur an eine kleine Oberschicht und ignorierte die Tatsache, daß man nicht gleichzeitig für eine Klasse und für unbeschränkten

*stammt aus einem Jahreszeiten-Freskenzyklus des 15. Jahrhunderts.*

Individualismus eintreten kann. Die Anstandsbücher des 15. Jahrhunderts hatten die Familie in den Mittelpunkt gestellt; von hier aus wandte sich der vorbildliche Mann nach draußen, um seinen Dienst am Gemeinwesen zu leisten. *‹Der Hofmann›* hingegen erklärte den Hof zum Mittelpunkt; von hier aus ging sein Blick nach oben, zum Fürsten. Castiglione schildert im Grunde nicht den vorbildlichen Mann, sondern den vorbildlichen Hofmann, und zuweilen geraten beide in Konflikt miteinander. Für den Hofmann war es nicht nur wichtig, seinen eigenen Wert zu kennen, er mußte ihn auch diskret zum Ausdruck bringen. Bei feierlichen Umzügen hatte er darauf zu achten, möglichst nahe an der Spitze zu reiten, damit die Leute ihn nicht übersahen. Im Gefecht sollte er unter den Augen seines Fürsten die waghalsigsten Bravourstücke vollbringen, ohne Rücksicht darauf, ob seine heldenhaften Kapriolen dem Schlachtplan nützten oder schadeten.

Castigliones Hofmann setzt sich überdies dem Vorwurf einer gewissen Unaufrichtigkeit aus. Man erwartete von ihm, daß er sich allen Menschen und Situationen anpaßte, sich immer von der besten Seite zeigte, sich selbst erkannte, aber diese Kenntnis benutzte, um anderen zu imponieren. Wenn man ihm einen Gefallen tun oder eine Ehre erweisen wollte, sollte er dem Anschein nach ablehnen, jedoch so, daß das Angebot dringlicher wiederholt würde. Seine besonderen Talente sollte er verbergen, um sie im geeigneten Augenblick überraschend entfalten zu können.

Es steckt im ‹*Hofmann*› mit seiner Lust am taktischen Manövrieren auch eine echte Spielernatur.

Dem Bild, das Castiglione vom höfischen Manne entwarf, liegt der Begriff der *sprezzatura,* einer lässigen Nonchalance, zugrunde. Verbissenheit und Anstrengung waren verpönt. Mit Castigliones Hofmann begann der Kult der spielerischen Leichtigkeit allen Tuns, der jahrhundertelang die Vorstellung gesitteten Verhaltens beeinflußte. Einer Welt politischer Katastrophen und wirtschaftlichen Niedergangs, einer Welt beginnenden Spezialistentums und mürrischen Berufseifers, schenkte er das Ideal des Dilettanten, des allseitig gebildeten Menschen. Castigliones Dilettant war nicht nur eine Zierde des Hofes, sondern auch ein Ratgeber des Fürsten. Denn ‹*Der Hofmann*› lehrt nicht allein kultiviertes Benehmen, er versucht überdies staatspolitische Anleitungen zu geben.

Wie andere nachdenkliche Männer seiner Generation nahm Castiglione Anteil an den politischen Problemen Italiens und beschäftigte sich besonders mit den Fragen der Kriegführung und Diplomatie. Er glaubte an das monarchistische Prinzip, erkannte jedoch, daß es einigen Fürsten an der Fähigkeit zu regieren fehlte. Die Eigenschaften, die seinen Hofmann auszeichnen — Selbstbeherrschung, umfassende Kenntnisse, liebenswürdige Anmut —, ließen ihn besonders geeignet erscheinen, einem Fürsten als Ratgeber zur Seite zu stehen. Dieser überzeugend wirkenden Auffassung trat Machiavelli mit der Schärfe seines nüchternden Verstandes entgegen. In seiner Schrift ‹*Der Fürst*› heiß es: «Es ist eine allgemeine und untrügliche Regel: ein Fürst, der nicht selbst Verstand genug hat, kann wahrlich niemals gut beraten sein.»

**Brutalität und Vornehmheit.** Der Beitrag, den Castiglione zum politischen Denken seiner Zeit lieferte, will uns naiv erscheinen, und ebenso sein Versuch, die gesellschaftlichen Sitten zu verfeinern. Allerdings war ‹*Der Hofmann*› — wie auch die anderen Anstandsbücher — vor einem Hintergrund von Gewalttaten und Unsicherheit, Gesetzlosigkeit und Mord, bluti-

*Drei junge Florentiner betreiben eine Art des Boxsports, die «civettino» hieß. Ein Mann hielt die Kämpfer mit den Füßen am Boden fest. Die Gegner droschen dann mit den Händen aufeinander los und versuchten, den gegnerischen Schlägen durch Abducken auszuweichen.*

gem Aufruhr und öffentlicher Prostitution entstanden. Castiglione suchte dieses Chaos zu steuern, indem er maßvolles Betragen und gute Manieren empfahl. Andere Schriftsteller gingen direkter vor und unternahmen einen Frontalangriff auf diese Probleme. Im 14. Jahrhundert warnte der Florentiner Paolo di Pace da Certaldo in seinem ‹*Buch der guten Beispiele und guten Sitten*› die Leser folgendermaßen: «Hütet Euch davor, Euer Haus des Nachts zu verlassen, seid Ihr aber dazu genötigt, so nehmt einen vertrauenswürdigen Gefährten mit und ein großes starkes Licht. Geht Ihr zu einem gefährlichen Ort, so sagt es niemandem. Gleichermaßen, wenn Ihr Euch aufmacht nach Siena, sagt, daß Ihr nach Lucca geht, und Ihr werdet vor bösen Leuten sicher sein, so Ihr solche Vorsicht walten lasset.»

Selbst bei Vergnügungen ging es roh und zügellos zu. Gebrochene Glieder waren bei Wettspielen und Scheinkämpfen, die zur Belustigung des Volkes auf öffentlichen Plätzen stattfanden, an der Tagesordnung, und nicht selten lief das Amüsement tödlich aus. Verbrecher wurden in dieser Zeit grausamer Folterungen vor den Augen des Publikums verstümmelt und zerstückelt. Chronisten schildern improvisierte Fußballspiele mit den Köpfen hingerichteter Kriegsgefangener. Zu den volkstümlichen Zerstreuungen gehörten Kämpfe zwischen wilden Tieren und weniger brutale, aber um so lüsternere Darbietungen. Als bei einer derartigen Gelegenheit in Florenz ein Hengst auf eine Herde von Stuten losgelassen wurde, entrüsteten sich zwar ein paar Leute, aber ein Chronist verzeichnet dies Ereignis als «die herrlichste Unterhaltung für Frauen und insbesondere für junge Mädchen».

Es ist heute unmöglich, gewisse Renaissancekomödien — wie zum Beispiel Machiavellis ‹*Mandragola*› — in der Originalfassung aufzuführen. Lorenzo de' Medici schrieb obszöne Karnevalslieder; Freskenmaler schmückten die Paläste großer Gönner mit Szenen, die manchen modernen Zeitgenossen erröten lassen würden.

Aus dieser Atmosphäre, die Brutalität und Vornehmheit, Derbheit und Zurückhaltung nebeneinander duldete, gingen zwei literarische Strömungen hervor. Einmal eine kraß-profane, die zur Ignorierung der christlichen Tugendlehren aufrief, zum anderen eine satirische, die als heuchlerisch und geziert empfundenen höfischen Lebensformen anprangerte. Ein Muster der satirischen Gattung ist Pietro Aretinos (1492—1556) Werk ‹*Kurtisanengespräche*›, das als Attacke auf Castigliones ‹*Hofmann*› gezielt war. Die ‹*Kurtisanengespräche*› handeln von Messer Maco, einem albernen Herren aus Siena, der nach Rom geht, um Kardinal zu werden und sich eine vornehme Geliebte zuzulegen. Er verliebt sich sogleich in ein Mädchen, das er in einem Fenster sieht, und denkt, daß er sie gewinnen könnte, wenn er nur ein Hofmann wäre. Ein Scharlatan eilt herbei, der sich als Kavalier und Kenner höfischen Wesens anpreist, und liest Messer Maco aus seinem Lehrbuch, einem Werk über höfisches Betragen, vor. Seine Lektionen über die Kunst der Schmeichelei, der Täuschung und der eleganten Aufmachung sind natürlich eine grobe Verspottung der Ratschläge Castigliones.

**«Weltdamen».** Auf der Gegenseite steht Giovanni della Casas ‹*Galateo*›, der, in den fünfziger Jahren des 16. Jahrhunderts geschrieben, das offene Wort vermeidet und die Dinge beschönigend verhüllt: «Es ist schicklicher, von dem ‹Favoriten› einer Dame zu sprechen als von ihrem ‹Liebhaber› . . . Desgleichen ist es auch höflicher, vor einer Dame und ebenso vor einem gesitteten Herrn . . . Dirnen als ‹Weltdamen› zu bezeichnen, statt sie bei ihrem richtigen Namen zu nennen.» Er rügt die traditionsreiche Gattung unflätiger antiklerikaler Geschichten und besteht darauf, daß «man nie etwas gegen Gott oder die Heiligen sage, weder im Ernst noch im Spaß, mag dieses auch noch so lustig und unterhaltend sein». Sodann versucht er, zwischen den Ansichten des einzelnen und den Forderungen der Allgemeinheit zu vermitteln: «Wir müssen uns nicht unbedingt den besten, sondern

**Vom Geld ist die Rede, von wem noch?**



*Er war arm wie eine Kirchenmaus …*

. . . und seine Werke kennen heute nur noch wenige, aber sein Name ist nach wie vor so bekannt wie der vieler seiner Zeitgenossen. 1488 wurde er als Sohn eines verarmten Reichsritters geboren und bald in ein Benediktinerkloster gesteckt, um Priester zu werden. Als 17jähriger floh der kleinwüchsige und kränkliche junge Mann und zog von Universität zu Universität, bis er drei Jahre später bettelarm an der pommerschen Küste auftauchte. Die Universität Greifswald nahm den jungen Humanisten auf, aber mit seinen jugendlich-genialen Allüren und seinem nicht gerade zimperlichen Lebenswandel verärgerte er die Gönner. Er verließ die Stadt und wurde unterwegs seiner Kleider und Bücher beraubt — der einzigen Habe, die er je besessen hat. Ausgehungert, halb erfroren und ohne einen Pfennig kam er nach Rostock und begann seine Laufbahn als Dichter und Satiriker, die ihm nie den geringsten finanziellen Erfolg brachte.

Zwei Jahre später kam er auf seiner dauernden Wanderschaft nach Pavia, das gerade von päpstlichen Truppen belagert wurde — wieder mal wurde er ausgeplündert und des wenigen beraubt, das er bei sich hatte. Krank wie immer und bargeldlos wie immer erreichte er Bologna, erholte sich ein wenig und ließ sich als Soldat anwerben. Es war seine einzige «feste Anstellung» im Leben. Wenig später wurde einer seiner Verwandten durch Ulrich von Württemberg ermordet — nun hatte er für einige Zeit ein neues Objekt seiner satirischen Angriffe gefunden. Die Frucht seiner literarischen Bemühungen blieb auf Ehren beschränkt: Maximilian krönte ihn 1517 zum Dichterkönig.

Nach dem Sturz Franz von Sickingens, dem er sich angeschlossen hatte, mußte der Poet in die Schweiz fliehen. Sein Humanisten-Kollege Erasmus weigerte sich aber, den Wandernden in Basel zu empfangen, teils wegen dessen abstoßender Krankheit, teils aus Furcht, er müsse ihm Geld pumpen. Fortan bekämpften beide sich erbittert in Briefen. In Zürich endlich half Zwingli ihm mit Geld aus und fand einen Unterschlupf für ihn auf einer Insel im Züricher See. Dort starb er wenig später, erst 35 Jahre alt. Er hinterließ nichts außer Schulden. Kein einziges Buch gehörte ihm, nichts besaß er mehr außer den Kleidern auf dem Leib, einem Bündel von Briefen und seiner Schreibfeder. Von wem war die Rede?

(Alphabetische Lösung: 8—21—20—20—5—14)

den in unserer Zeit geltenden Sitten fügen, genauso, wie wir Gesetzen, die vom Guten weit entfernt sein mögen, gehorchen, bis die Regierung oder wer immer die Macht dazu hat sie ändert.»

Es ist jedoch nicht ganz gerecht, dem «schlechten» Aretino, der als obszöner Schriftsteller verschrien ist, den «guten» Della Casa gegenüberzustellen. In seiner Jugend hatte Della Casa unzüchtige Gedichte geschrieben, die ihm den Zugang zu einem hohen kirchlichen Amt versperrten. Und Aretino hat trotz seiner heidnischen Sinnenfreude ergreifende und offensichtlich aufrichtige Erbauungsschriften verfaßt. Die Zeit ließ beides zu und erlaubte den Menschen, beides in sich zu vereinen: Frömmigkeit und Ausschweifung, antiken Sinnengenuß und christliche Askese.

**Zweihundert Heiligsprechungen.** Wohl gab es Konflikte zwischen dem Humanismus und dem Christentum, aber keine dramatischen oder prekären Zusammenstöße. Die heidnische Philosophie konnte den christlichen Glauben unterwandern, ohne die Gefahr eines Entweder-Oder heraufzubeschwören. Die Möglichkeit, religiöse Werte durch weltliche zu ersetzen, lag da näher. Vielleicht aber spielte die Religion im Alltagsleben eine noch größere Rolle als zuvor. Zwischen 1200 und 1550 wurden in Italien zweihundert Heiligsprechungen vollzogen. Das war zweifellos weniger das Ergebnis tieferer Frömmigkeit als guter Beziehungen zum Vatikan. Sicher aber trugen die Kanonisierungen dazu bei, daß das Christentum seine Anziehungskraft behielt. Italien hatte außerdem mehr Diözesen als die gesamte übrige westeuropäische Christenheit, und der Klerus machte hier einen größeren Teil der Bevölkerung aus.

**Religiöse Reformbewegungen.** Wenn auch die Klöster verfallen waren und sich die Zahl der Insassen verringert hatte, so lag dies zum Teil wenigstens an der Konzentration auf die externen Tätigkeiten des Predigens und Missionierens. Die religiöse Reformbewegung, die zwischen 1494 und 1497 unter der Führung des inbrünstigen Dominikanermönches Savonarola (1452–1498) hervortrat, war kein isoliertes Phänomen. Überall in Italien waren in den voraufgegangenen zwei Jahrhunderten Prediger aufgetaucht, die mit ähnlichen Erweckungsbestrebungen riesige Menschenmengen angezogen und zur Verbrennung von irdischen «Eitelkeiten» – wie Schönheits-

*Zum Bild auf den beiden folgenden Seiten:*

*Akrobaten und Ringer geben eine Vorstellung vor einer vornehmen Gesellschaft, während Musikanten die Laute schlagen. Musikanten erschienen oft in Masken und kunstvollen Gewändern. Akrobaten belebten mit ihren grotesken Darbietungen die formellsten Hoffeierlichkeiten. Bei Abendgesellschaften wurden, wie eine vornehme Dame schrieb, «die verschiedenen Gerichte . . . unter Trompetenklängen hereingetragen». Wenn eine Schauspieltruppe auftrat, interessierten sich die Zuschauer oft weniger für das Stück als für die Kostüme und die Szenerie.*

*Der Bildhauer Donatello (1386–1466) schuf 1438 diese Außenkanzel am Dom von Prato. So konnten Prediger bei besonderen Ereignisssen zu einer viel größeren Menschenmenge sprechen als dies im Inneren der Kirche der Fall war.*

mitteln, Juwelen, falschen Haaren, unanständigen Liedern und Bildern – aufgerufen hatten.

An den Universitäten und Klosterschulen widmete man sich gleichermaßen dem Studium der Theologie und des Kirchenrechts wie dem humanistischen Erziehungsprogramm. Die Lehren der Kirche trugen nun nicht mehr den freudlosen Charakter, der ihnen vorher eignete. Der heilige Bernhardin von Siena, einer der volkstümlichsten Prediger des 15. Jahrhunderts, pries den fröhlichen Lebensgenuß mit der gleichen Intensität wie die Humanisten. Er ermunterte seine Zuhörer, sich mit den Kirchenvätern Augustinus und Gregorius zu «unterhalten», wie Petrarca sich in seinen Briefen über die Jahrhunderte hinweg mit Cicero «unterhalten» hatte. In enger Verbindung mit den Kirchen und Klöstern kamen jetzt auch die weltlichen Laienbruderschaften auf, für die eine lebendige volkstümliche Erbauungsliteratur in der Volkssprache geschaffen wurde.

Die Renaissance änderte an der tiefen Religiosität des italienischen Volkes nichts. Seine Anteilnahme am kirchlichen Leben blieb die gleiche wie im Mittelalter. Das Tagebuch des florentinischen Apothekers Luca Landucci, der ein Zeitgenosse Savonarolas war, beschreibt die Wirkungen eines wundertätigen Bildes der Jungfrau Maria aus der Nachbarstadt Impruneta. Am 30. Mai 1483 notierte Landucci: «Unsere Liebe Frau von Impruneta wurde in die Stadt gebracht, damit wir gutes Wetter bekommen, denn es hatte schon seit einem Monat geregnet. Und sogleich wurde es schön.» Und wieder am 17. Februar 1499: «Das Tabernakel Unsrer Lieben Frau von Impruneta wurde herbeigeschafft, damit wir uns entscheiden konnten, ob es zu unserem Vorteil sei, der Liga beizutreten und den König von Frankreich zu verlassen.»

Als Luca Landuccis Idol Savonarola exkommuniziert wurde und seine Anhänger seine Predigten nicht mehr hören durften, gehorchte der Apotheker wiederstrebend der orthodoxen Lehrmeinung und schrieb in sein Tagebuch: «Viele gingen nicht hin aus Furcht, exkommuniziert zu werden, und sagten: *giusta vel ingiusta, temenda est* [gerecht oder ungerecht, wir müssen uns in acht nehmen]. Ich war einer von denen, die nicht gingen.»

**Der Klerus als Zielscheibe des Spotts.** Neben der kraftvollen Religiösität machte sich eine starke antikirchliche Strömung bemerkbar. Man verspottete die Priester wegen ihrer Einfältigkeit, schalt die Mönche wegen ihrer Faulheit und Unsittlichkeit, verurteilte die Prälaten und Päpste, weil sie sich mehr um Geld und Politik als um die Sache des Glaubens kümmerten. Da der Klerus einen großen Teil der Bevölkerung ausmachte und nichts greifbar Produktives leistete, bot er sich einem geschäftstüchtigen Volk geradezu als Zielscheibe des Spottes an. Außerdem erwiesen sich die Päpste der Renaissance – wenn auch kein Anlaß besteht, an ihrer privaten Frömmigkeit zu zweifeln – als verhängnisvoll für eine Kirche, die dringend der Reform bedurfte. Sixtus IV. schob seine Neffen in Schlüsselpositionen; Innozenz VIII. erkannte seine illegitimen Kinder schamlos an. Unter Alexander VI. folgte im Vatikan ein Skandal dem anderen. Julius II. legte sich eine Kriegsrüstung an, um ein päpstliches Heer gegen die Tyrannen von Perugia und Bologna anzuführen. Leo X. liebte prächtigen Aufwand und verkaufte

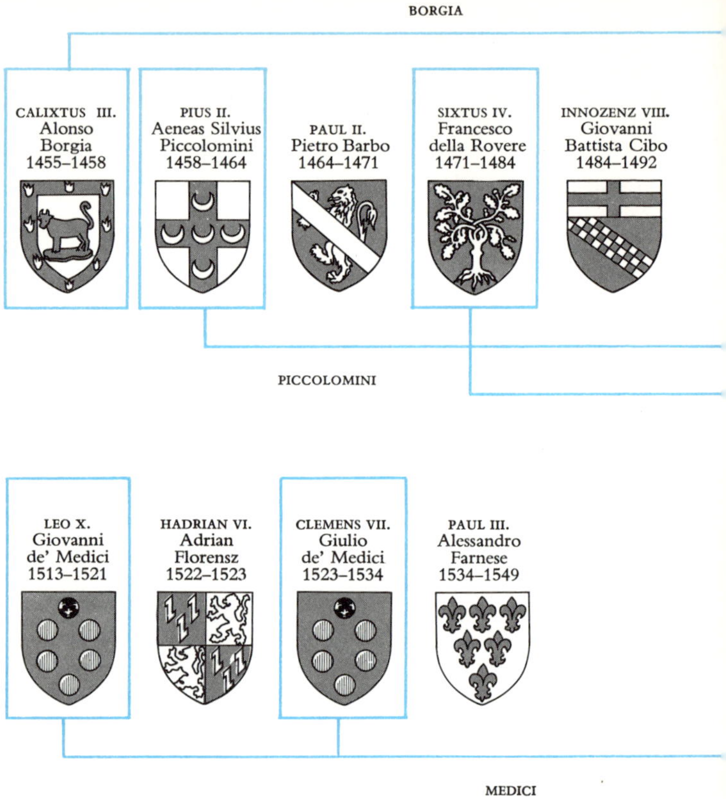


Kirchenämter, um seine Schatzkammer zu füllen. Kein Mensch war imstande, noch ernstlich daran zu glauben, daß eine kirchliche Reform von der Spitze der Hierarchie ausgehen würde.

**Eine Stätte der Frömmigkeit.** 1494 machte sich dann ein einzelner, aus Sorge über die Weltlichkeit der Päpste und die Befugnisse der Kardinäle und Bischöfe, daran, den Kampf allein auszufechten. Savonarola hatte sich vorgenommen, Florenz in eine Stätte der Frömmigkeit zu verwandeln, damit ihr leuchtendes Beispiel die Geistlichkeit zur inneren Einkehr bewege.

Sein Experiment währte drei Jahre, und in dieser Zeit hielt er Florenz völlig in seinem Bann. Riesige Menschenmassen drängten in die Kirchen, wenn er predigte. Fanatisierte Trupps sittenstrenger Jungen und Mädchen durchstreiften unterdessen die Straßen und drangen in die Häuser der Florentiner ein, um sie von eitlem Plunder, Verderbtheit und Laster zu säubern.

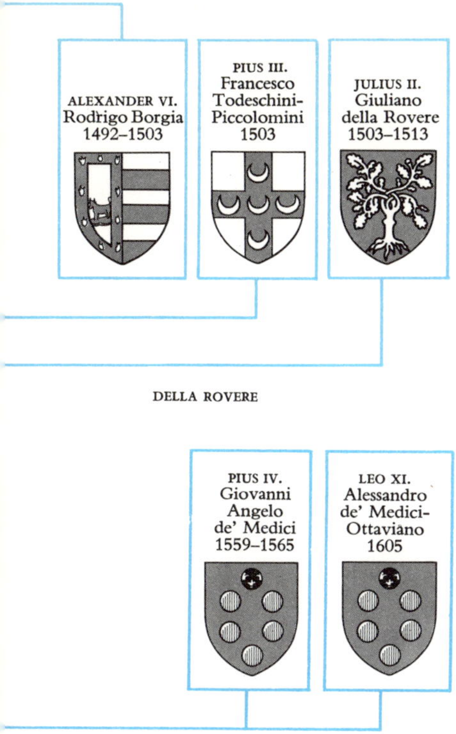


*Aus diesen päpstlichen Wappen ist zu ersehen, daß von 14 Päpsten, die zwischen 1455 und 1605 regierten, 10 dieser höchsten kirchlichen Würdenträger aus nur vier Familien stammten. Die Stierfigur schmückt das Wappen von Calixtus III. und Alexander VI. und weist damit beide als Mitglieder der Familie Borgia aus. Zwei Stellvertreter Christi stammen aus der Familie der Della Rovere, zwei andere aus der der Piccolomini, und vier besaßen das berühmteste heraldische Emblem der Renaissance – die sechs Kugeln des Hauses Medici.*

Hymnen traten an die Stelle unflätiger Lieder, religiöse Prozessionen an die Stelle der Wettkämpfe, irdischer Tand ging im Rauch der Scheiterhaufen auf.

**Savonarola – Politiker und Prophet.** Die Medici wurden aus der Stadt vertrieben. Savonarola rief Christus zum Herzog von Florenz aus und ernannte sich selbst zum Statthalter Gottes. Gleichzeitig ergriff er die weltliche Gerichtsbarkeit. Wie konnte ein einzelner, noch dazu ein Mönch, eine derartige Macht über die gescheiteste, geistreichste, nüchternste Stadt Europas gewinnen? Wie konnte es geschehen, daß zu seinen Anhängern ein so sanfter Bewunderer der Schönheit wie Botticelli zählte?

Die ungebrochene Religiosität der Florentiner machte sie für Savonarolas gewaltige Prophezeiungsgabe besonders empfänglich. Er hatte den Tod von Lorenzo dem Prächtigen und Papst Innozenz VIII. ein Jahr vor deren Ableben geweissagt; er hatte auch die Ankunft des französischen Heeres und die Verbannung der Medici prophezeit. Hinzu kam die Anziehungskraft, die er als Kanzelredner ausstrahlte: die Menschen bebten unter dem Einfluß seiner Bußpredigten und flehten um Erlösung.

Aber Savonarola war mehr als ein Bekehrungseiferer. Weltlichen Angelegenheiten schenkte er größtes Interesse. Die Bevölkerung lauschte seinen Predigten, um über die politischen Ereignisse in Italien und das schwierige Experiment ihrer neugebildeten Verfassung informiert zu werden. Savonarola hatte jene politische Partei unterstützt, die sich für eine demokratische Regierung eingesetzt hatte. Er war einer der Gesandten der neuen Republik bei König Karl VIII. von Frankreich gewesen — als dieser in Italien einrückte und Piero de' Medici aus der Stadt vertrieben wurde. Er galt als ein Mann, der sich auf Erden auskannte und die Zeichen des Himmels verstand. Er war Politiker und Prophet, verkündete Nachrichten und verhieß das ewige Leben.

Und seine Botschaft nahm alle gefangen. Er sprach zu den Armen über die Last der Sünde und der Steuern. Er sprach zu jenen Reichen, die die neue Verfassung befürwortet hatten. Seine kirchlichen Reformbestrebungen fanden lebhaften Widerhall bei den Humanisten, die seit langem eine Erneuerung herbeisehnten. Schließlich schmeichelte er dem Bürgersinn der Florentiner mit der Behauptung, Gott habe um ihretwillen Florenz zu seinem Werkzeug erwählt, da ihre Frömmigkeit und Lauterkeit sie vor allen anderen auszeichnete.

Die Hysterie, die stets am Beginn einer Erneuerungsbewegung steht, und der Puritanismus einer bürgerlichen Gesellschaft begünstigten Savonarolas Feldzug gegen Prachtentfaltung und Sittenverfall. Aber der Reiz der Selbstaufopferung verbrauchte sich schnell. Die Menschen bekamen Sehnsucht nach den Tagen der Medici, nach den Zeiten der hemmungslosen Üppigkeit. Außerdem funktionierte die neue Regierung gut und brauchte Savonarolas Beredsamkeit nicht, um ihre politische Konzeption zu verwirklichen. Der Vertrag mit Frankreich, für den er sich eingesetzt hatte, brachte keine Vorteile; das Papsttum, das diesem Bündnis ablehnend gegenüberstand, übte auf die florentinischen Geschäftsleute, die Niederlassungen in Rom unterhielten, einen starken Druck aus. Bald wandte sich die Volksstimmung gegen ihn.

*Die berüchtigten Borgia wurden um ihre Schlösser beneidet und wegen ihrer Kerker gefürchtet. Es gab das Gerücht, daß in diesen Kerkern nicht selten vier bis fünf Gegner pro Tag «erledigt» wurden. Rodrigo Borgia (1431–1503) wandte die niederträchtigsten Mittel an, um auf den päpstlichen Thron zu gelangen. Mit seinem Sohn Caesare (1475–1507) räumte er viele Gegner und Konkurrenten aus dem Wege. Aber auch als Papst Alexander VI. erwies sich Rodrigo weiterhin als skrupelloser Machtmensch.*

*Bußprediger traten oft als Kritiker des politischen und geistlichen Lebens auf. In Florenz brandmarkte der Dominikanermönch Savonarola (1452–1498) Lorenzo de' Medici (1449–1492) als Tyrannen. Nachdem die Florentiner sich der Herrschaft der Medici entledigt hatten und Savonarola folgten, regierte er praktisch – vom Kloster San Marco aus – über die Stadt. Durch seinen Bekehrungseifer schuf er sich viele Feinde. Schließlich führten seine «Donnerreden» gegen den Papst zu seiner Exkommunizierung und Verhaftung – ein für ihn und seine Bewegung vernichtender Schlag. Er wurde auf dem Scheiterhaufen verbrannt. Nur wenige hatten den Mut, seinem Ende beizuwohnen. Bild: Der Feuertod erwartet Savonarola auf dem Platz vor dem Rathaus von Florenz. Das um 1500 entstandene Gemälde eines unbekannten Künstlers zeigt, daß nur wenige aus der kleinen Schar der Anhänger des Mönches es wagen, auf den Scheiterhaufen zu blicken.*

Seine politischen Gefolgsleute fielen von ihm ab; seine Jünger ließen ihn aus Furcht vor päpstlichem Tadel in Stich. Die Anhänger der Medici und die Geistlichkeit, die er durch seinen Tugendfanatismus gegen sich aufgebracht hatte, ließen ihn vor Gericht stellen und beschuldigten ihn mit konstruierten «Beweisen» der Ketzerei. Er wurde nach mehrwöchigem Prozeß auf der Piazza Signoria in Florenz gehängt und anschließend verbrannt.

Die Beschuldigungen waren nicht gerechtfertigt. Savonarola war kein Häretiker. Seine Angriffe gegen den Papst und den Klerus zielten auf die «Lauheit» ihres Glaubens und die Gebrechen der Kirche, nicht auf die religiösen Lehrsätze. Im Grunde war sein Bekehrungseifer nichts weiter als eine zornige Fußnote zu der Geschichte des orthodoxen Christentums in der Renaissance. Trotz der umwälzenden Veränderungen im Lebensgefühl jener Epoche dachte niemand ernsthaft daran, die Grundlagen der Kirche anzutasten – nicht einmal Savonarola. Er wetterte gegen die moralische Haltlosigkeit, nicht aber gegen die sittlichen Prinzipien der Renaissance. Er zog zu Felde gegen die Kunst, sofern sie Eitelkeit und Begierde erweckte, nicht aber gegen das Studium der Natur oder des nackten Körpers. Es ist nichts darüber bekannt, daß wirklich große Kunstwerke im Feuer der Scheiterhaufen verbrannten; und das Übertünchen gewisser Akt-Fresken in einer Villa in Arcetri ist wahrscheinlich auf die persönlichen Skrupel des Besitzers zurückzuführen, stellt also einen Einzelfall dar, dem keine repräsentative Bedeutung zuzumessen ist. In Wirklichkeit blieb die Kirche in der Renaissance die großzügige Förderin der Maler, Bildhauer und Baumeister.

**. . . sogenanntes Reugeld-Konto:** Ebensowenig hinderten die von der Kirche erlassenen Gesetze gegen Darlehens-Zinsen die Entwicklung der Wirtschaft zum Kapitalismus. Der Bankier oder Kaufmann jener Zeit konnte heimlich oder offen – je nachdem, ob er sich auf sein Gewissen oder die Einstellung des zuständigen Bischofs verließ – immer eine Menge Geld verdienen, ohne mit der Kirche in Konflikt zu geraten. Er hielt sich ein sogenanntes Reugeld-Konto – *il conto di Messer Domeneddio* – für Wohltätigkeitsspenden, das der gleichen geistigen Quelle entstammt wie die Riesensummen, die seine modernen Nachfolger für philanthropische Zwecke stiften.

Einige Humanisten, wie Pico della Mirandola, beschäftigten sich besonders intensiv mit Glaubensfragen. Sie suchten die außerchristliche Philosophie mit der Theologie zu versöhnen und vertraten die Auffassung, daß alle Kulturen und alle philosophischen Lehren schon vor der Menschwerdung Christi vom christlichen Gott erleuchtet worden seien.

**«Es ist wichtiger, das Leben zu lernen als das Sterben.»** Es ist nicht zu leugnen, daß der Humanismus der Reformation den Weg gebahnt und zur Spaltung der Christenheit in zwei große Konfessionen beigetragen hat.

Aber das geschah nicht absichtlich. Indem die Humanisten auf die Quellen des Denkens in der Antike zurückgingen, bewirkten sie eine Abkehr von den mittelalterlichen Autoritäten und damit auch von der Bevormundung der Wissenschaft durch die mittelalterliche Theologie. Auf diese Weise wurde Roms Anspruch, Interpret der christlichen Lehre und Stellvertreter Christi auf Erden zu sein, fragwürdig. Hinzu kam das mystische Element, das vornehmlich aus den Schriften der Neuplatoniker in das humanistische Denken eindrang und die Menschen auf eine unmittelbare Kommunikation mit Gott vorbereitete. Dieser Gedanke stellte einen Eckpfeiler des Protestantismus dar. Die Kirche der Renaissance sah jedoch diese Tendenzen des Humanismus nicht als ernsthafte Bedrohung an.

Als Gefahr hingegen erkannte sie die Betonung der ethischen Werte im Humanismus, die Vorstellung, daß eine sittliche Frömmigkeit gebunden sei. Es gab Humanisten, die Christus einen Platz im Ehrentempel der Weisen einräumen wollten; andere zweifelten an der Unsterblichkeit der persönlichen Seele; wieder andere glaubten, daß das Schicksal des Menschen nicht vom Willen Gottes, sondern von der Stellung und dem Lauf der Planeten abhinge. Sie alle empfanden sich nicht im Widerspruch zum kirchlichen Glauben, aber sie wollten doch zeigen, daß es für den Menschen wichtiger sei, das Leben zu lernen als das Sterben.

Das Fünfte Laterankonzil, das der Verherrlichung der päpstlichen Universalgewalt diente, verurteilte 1513 Zweifel an der persönlichen Unsterblichkeit und ein Sichberufen auf heidnische Philosophen. Das war ein Versuch der Kirche, jenem unaufhaltsamen Strom des Denkens, der vom Humanismus der Renaissance bis ins 20. Jahrhundert fließt, Einhalt zu gebieten.

# 4. Florenz: Stadt des Geistes

Trotz Venedigs Reichtum und Roms Macht — an die Renaissance denken, heißt zuallererst an Florenz denken, an die Stadt, die alle anderen an Kühnheit und Leistung übertroffen hat. Florenz hat nicht nur eine Reihe großer Männer hervorgebracht; hier herrschte eine Atmosphäre des Forschens und Experimentierens, die der Stadt das Gepräge eines gewaltigen Laboratoriums gab. Sie war das Prüffeld der meisten politischen und künstlerischen Ideen der Renaissance. Keine andere italienische oder europäische Stadt hat vom Beginn des 14. Jahrhunderts bis zur Mitte des 16. Jahrhunderts eine gleiche Höhe geistigen Niveaus erreicht und gehalten. Man werfe nur einen Blick auf die Liste großer Namen der italienischen Renaissance: In der Poesie Dante und Poliziano; in der Malerei Giotto, Masaccio, Uccello, Verrocchio, Fra Angelico, Fra Filippo Lippi, Botticelli, Leonardo da Vinci und Pontormo; in der Plastik Donatello, Luca della Robbia, Ghiberti, Michelangelo und Cellini; in der Architektur Brunelleschi, Leon Battista Alberti, Michelozzo und die Brüder Sangallo. Alle stammten sie aus Florenz. In der Philosophie ist der Name Marsilio Ficino der bedeutendste; in der Geschichtsschreibung sind es die Namen Leonardo Bruni, Guicciardini und Jacopo Nardi. Sie alle waren Florentiner. Die bekanntesten europäischen Bankhäuser im 14. Jahrhundert waren die der Bardi und Peruzzi; im 15. Jahrhundert die der Medici. Auch sie waren Florentiner. Mit einer florentinischen Familie sind Kultur und Politik der Renaissance aufs engste verknüpft. Sie überstrahlt alle anderen: die Familie Medici.

Florenz hat nicht von Anfang an bahnbrechend gewirkt. Die Grundlagen des modernen Geschäftswesens wurden im 13. Jahrhundert in Genua geschaffen. Der Humanismus entstand um die Wende des 13. Jahrhunderts in Verona und Padua. Aus Pisa kamen die beiden Wegbereiter der Renaissanceplastik, der nach seiner Vaterstadt benannte Nicola Pisano und sein Sohn Giovanni. Venezianische Konsuln entwickelten die Technik der modernen Diplomatie. Aber was Florenz nicht selber hervorbrachte, das verfeinerte es. Viele berühmte nichtflorentinische Künstler, wie Piero della Francesca und Raffael, kamen hierher, um ihre «Kleider mit dem Wasser des

*Auf der Suche nach einer Unterkunft für die Nacht stehen Reisende an einer Straßenecke von Florenz. Alle Gasthöfe der Stadt lagen in einer einzigen Straße. Sie waren strengen Vorschriften unterworfen.*

*Der Reisende des 15. Jahrhunderts, der aus Venedig kam, gewahrte von den Sandsteinhügeln aus, die Florenz umgeben, den großen Unterschied zwischen beiden Städten. Im Gegensatz zur Wasserpracht und Heiterkeit Venedigs enthüllte Florenz sein Wesen durch strenge Bauten, am eindrucksvollsten durch den Dom. Die Silhouette von Florenz zeigt in der Mitte den Dom, zu seiner Linken Giottos marmornen Glockenturm und rechts das mittelalterliche Rathaus.*

Arno zu benetzen», und empfingen hier entscheidende, stilprägende Impulse. Und Savonarola, der Mönch aus Ferrara, erreichte inmitten des «intelligentesten Volkes von Italien», wie er die Florentiner nannte, den Gipfel seiner Macht als wortgewaltiger Prediger.

Wie war es möglich, daß Florenz fast allen Lebenserscheinungen der Renaissance seinen Stempel aufdrücken konnte? Die Frage läßt sich leichter durch Beschreibung als durch Erklärung beantworten. Man kann das Geniale nicht analysieren, man kann nur das Klima untersuchen, in dem es gedeiht.

Zuerst die Geographie. Seit jeher werden große Städte in der Nähe des Meeres oder eines Flusses errichtet, und so begann auch das glückliche Schicksal von Florenz mit der römischen Neugründung der etruskischen Hügelstadt Fiesole auf dem flachen Land am Ufer des Arno. Die Stadt war zwar nun leichter anzugreifen, aber sie hatte dafür einen direkten Zugang zu einer wichtigen Handelsstraße. Der Fluß bot ihr gute Verkehrsverbindungen nach Westen, und obendrein gab es günstige Pässe durch die Berge nach anderen Richtungen. Und wie die Ausdehnung der Stadtgrenzen zeigt, nahm Florenz im Verlauf der Jahrhunderte einen stetigen Aufschwung.

**Großstadt in der Renaissance.** Florentia, wie die Stadt unter den Römern hieß, bildete ein Rechteck, das von noch heute vorhandenen Straßen eingeschlossen wurde: von der Via Tornabuoni, der Via de' Cerretani, der Via Proconsolo und der Via Porta Rossa. Die militärisch strenge Regelmäßigkeit des Straßennetzes hebt sich von der willkürlichen Anordnung ab, die die Ausbreitung des Stadtgebiets im Mittelalter kennzeichnete. Die Straßen ausgenommen, hat sich von der alten römischen Stadt nichts erhalten. Es gab jedoch ein römisches Amphitheater, das außerhalb der östlichen Stadtmauer lag. Die Biegung der heutigen Via Torta und Via dei Bentaccordi bezeichnet diese Stelle. Und die Via delle Terme führt an den ehemaligen Bädern entlang, die sich jenseits der südlichen Mauer befanden.

Irgendwann im Mittelalter schob die Stadt – wie in einer Vorahnung ihrer zukünftigen Bedeutung als Handelsmetropole – ihre südliche Grenze über die römischen Thermen hinaus näher an den Fluß heran, wo sie in Form eines Dreiecks verlief. Um 1172 hatten sich die Randbezirke so vergrößert, daß man sich entschloß, sie mit einem zweiten Mauerumlauf zu umgeben. Diese neue Einfriedung bildete ein Quadrat, dessen untere Linie am Fluß entlangführte. Man kann ihrer Spur folgen, indem man sich von der Via de' Benci im Osten nach links in die Via Sant' Egidio wendet und die Via del Giglio hinunter zur Piazza Goldoni zurückgeht. Die Via de' Fossi kurz vor der Piazza Goldoni trägt ihren Namen nach den Gräben, die dieser zweiten Mauer vorgelagert waren. Florenz breitete sich nunmehr über beide Ufer des Arno aus und umschloß ein im Süden liegendes seichtes Flußgebiet des Oltr'Arno.

Der zunehmende Verkehr zwischen dem nördlichen und südlichen Ufer bedingte den Bau von drei neuen Brücken. Der ursprüngliche Ponte Vecchio, der aus der Römerzeit stammte, war nach seinem Einsturz im Jahre 1178 wiederhergestellt worden. Inzwischen hatte Florenz 30 000 Einwohner, und es wuchs ständig weiter. Wieder schossen neue Vororte außerhalb der Stadtmauern aus dem Boden. 1284 wurde mit dem Bau einer dritten, größeren Mauer begonnen, die die beiden älteren in ihren Schutz nahm. Man kann ihrer halbkreisförmigen Linie folgen, wenn man über die großen, im 19. Jahrhundert angelegten Boulevards von der Piazza Beccaria zur Piazza della Libertà und weiter zur Piazza Vittorio Veneto geht. Lange Abschnitte dieser Mauer aus dem 13. Jahrhundert sind heute noch südlich des Flusses zu sehen. Sie steigt an der Via di Belvedere hinauf, verläuft oberhalb der Boboli-Gärten und führt jenseits der Porta San Frediano zum Fluß hinab. Bald nach ihrer Fertigstellung im Jahre 1328 war die Einwohnerzahl auf 120 000 gestiegen, und wenn die Pest von 1348 und die ihr nachfolgenden Seuchen die Bevölkerung nicht um fast die Hälfte dezimiert hätten, wäre sicher noch eine weitere Umwallung notwendig geworden. Tatsächlich stellte sich anläßlich einer offiziellen Besichtigung dieses dritten Festungsgürtels im Jahre 1526 während einer Periode ständiger Kriegführung heraus, daß sich einzelne Häuser über die Begrenzung hinaus weit ins Land vorgeschoben hatten. Die Regierung ließ sie niederreißen, um freies Schußfeld für die Kanonen zu schaffen.

Zur Zeit der Renaissance war Florenz eine große, reiche und — gemessen an den Anforderungen jener Tage — festgegründete Stadt. Das Verwaltungssystem funktionierte, wenn auch in den Ämtern ein ständiges Kommen und Gehen der Parteien herrschte. Die Straßennamen der Stadt legen davon Zeugnis ab: die Via della Condotta (hinter dem Palazzo Ugoccioni) trägt ihren Namen nach der Regierungskommission, die die Soldaten der Republik besoldete; Vicolo dell'Onestà (nahe der Via dei Speziali) erinnert an das Sittendezernat, das die Prostituierten konzessionierte, die Piazza della Signoria an die Signoria, die Regierungsbehörde der Stadt, die ungeachtet des häufigen Wechsels in der florentinischen Beamtenschaft die Führung der Staatsgeschäfte behielt.

Einige der bekanntesten Straßennamen bezeugen das blühende Handelsleben der Renaissancestadt. Die Via dei Saponai ist nach den Seifensiedern benannt; die Via dell'Ariento nach den Silberschmieden; und ob die Via

*Der Dom, das Wahrzeichen von Florenz, beherrscht das Stadtbild. Michelangelo sagte, er könne «wohl einen größeren, aber keinen schöneren» bauen.*

delle Belle Donne – Straße der schönen Frauen – auf das älteste Gewerbe der Welt anspielt, wollen wir dahingestellt sein lassen.

Die Straßennamen erzählen ferner von den Verschwörungen und Meuchelmorden des 15. Jahrhunderts. Der Borgo degli Albizzi trägt den Namen der Familie, die mit den Medici rivalisierte. 1433 wurde Cosimo de' Medici auf Betreiben von Rinaldo degli Albizzi aus Florenz verbannt. Ein Jahr später kehrte Cosimo zurück und veranlaßte, daß Rinaldo aus der Stadt verwiesen wurde. Die Piazza dei Pazzi (hinter dem Palazzo Pazzi) erinnert an die Familie Pazzi, die 1478 im Dom Santa Maria del Fiore während der Messe einen Anschlag auf Lorenzo de' Medici verübte. Lorenzo konnte sich zur Sakristei durchkämpfen und dort in Sicherheit bringen, aber sein Bruder Giuliano wurde durch 19 Dolchstiche getötet.

Florenz war eine Stadt der Verbrechen, Gewalttaten und Revolutionen. Aber dennoch fanden die Bürger hier eine dauerhafte Lebensgrundlage vor, die ihnen erlaubte, ihren Geschäften zuversichtlich nachzugehen. Die Republik vergrößerte sich, und gleichzeitig wuchs ihr Prestige und ihre Selbstschätzung — eine Eigenschaft, die die Florentiner in überreichlichem Maß besaßen. Diese Kontinuität der Entwicklung, besonders der republikanischen Regierungsform, widerlegt die Ansicht, daß die Genialität der Renaissance aus der erregenden Erfahrung der Gefährdung und Unsicherheit des Lebens hervorgegangen sei. Es kam ein anderes, ebenso starkes Element hinzu, das eine kulturfördernde Atmosphäre erzeugte: die unvergleichliche künstlerische Aufgeschlossenheit des Florentiner Publikums. Alle Gruppen dieser vielschichtigen Gesellschaft nahmen intensiven Anteil am Leben der Kunst. Ihnen allen war ein ausgeprägter Bürgerstolz gemeinsam, der in dem Gedanken wurzelte, daß jeder Gebildete das Schicksal seiner Stadt nach Kräften mitgestalten konnte.

**Handel und Gewerbe.** Wenn irgendein Gewerbe in Florenz eine Kluft zwischen dem Kaufmannsstand und dem Proletariat aufriß, dann war es das Wollgeschäft, das im Verein mit dem Bankwesen den Reichtum von Florenz begründete. Der Kaufmannsstand war hier sehr zahlreich vertreten und umfaßte die unterschiedlichsten Einkommensgruppen; aus mannigfachen Gründen läßt er sich schwer von den anderen Schichten abgrenzen. Schwankungen im Wollhandel sowie ein ständiger Zustrom der Landbevölkerung sorgten für ein reges Kommen und Gehen auf der Stufenleiter des wirtschaftlichen Erfolges. Private Vermögen blühten auf und schwanden dahin. Durch Ehe- und Geschäftsverbindungen unterhielten die meisten Kaufmannsfamilien Beziehungen zu den verschiedensten Einkommenklassen.

Zur Zeit der Renaissance gab es 21 bedeutende Zünfte, die sich aus der freiwilligen Vereinigung von Vertretern desselben Handwerkszweiges zu mächtigen Berufskörperschaften entwickelt hatten. Dies gilt besonders für die sieben großen Zünfte, deren Mitglieder die wohlhabendsten Geschäftsleute der Stadt waren: die Richter und Notare, die Tuchimporteure und -verarbeiter, die führenden Einzelhändler, die Ärzte und Apotheker. Die 14 kleineren Zünfte hatten freilich auch einiges Gewicht, wenn nicht finanziell, so doch politisch. Sie wußten sich Gehör zu verschaffen und waren gut organisiert. Ihre Mitglieder — Handwerker und Ladenbesitzer — waren die Stützpfeiler des florentinischen Geschäftslebens. Zu diesen kleinen Gilden, die gewöhnlich als Handwerkszünfte bezeichnet werden, gehörten die Fleischer, die Schuhmacher, die Grobschmiede, die Baumeister, die Altwarenhändler, die Weinhändler, die Gastwirte, die Krämer für Salz, Öl und

*Zunftembleme aus Terrakotta schmücken die Außenwände von Or San Michele, der Kirche der Kaufleute und Handwerker in Florenz.*

ÄRZTE UND APOTHEKER

MAURER UND ZIMMERLEUTE

*Sie stammen von den Florentiner Künstlern Luca della Robbia (1400–1482) und seinem Neffen Andrea (1435–1525). Die vermögenden Gilden gaben viel Geld zur Förderung der Künste und für ihr Mitspracherecht in der Regierung aus.*

SEIDENHERSTELLER

*Der Rohstoff: Schiffe brachten Rohwolle aus England und Spanien nach Italien. In Florenz, das für seine Weber und Künstler berühmt war, beschäftigte die Wollindustrie Tausende von Arbeitern bei den hier gezeigten Bearbeitungsprozessen.*

*Sortieren: Die Sortierer teilten die Wolle in drei Qualitätsgruppen auf, in feine, mittlere und grobe. Sortieren war nur einer von etwa 30 Vorgängen bei der Wollverarbeitung. Jeder Vorgang erforderte ein gut spezialisiertes Arbeiterteam.*

Käse, die Gerber, die Büchsenmacher, die Eisengießer, die Gürtler, die Zimmerleute und die Bäcker.

**Die Handelsrepublik Florenz.** Die beiden Zunftgruppen – die reichen Kaufleute und die Handwerker – betrachteten sich gegenseitig mit widerwilligem Respekt; keine konnte es sich leisten, die andere zu ignorieren. Und obgleich Florenz in seiner republikanischen Zeit fast durchgehend von den reichen Kaufleuten regiert wurde, gewannen die ärmeren Bevölkerungsgruppen bei inneren Unruhen und politischen Kompromissen gelegentlich Einfluß auf die städtischen Angelegenheiten. Dadurch hielt sich die heftigen Erschütterungen ausgesetzte republikanische Verfassung in Florenz weitaus länger als in den anderen italienischen Staaten, die früh und anhaltend der Gewaltherrschaft verfielen.

Die Handelsrepublik Florenz hatte auch nichts von den entgegengesetzten Polen ihrer Bevölkerung zu fürchten – der Aristokratie und dem Proletariat. Zwischen dem Kaufmann und dem Adligen, zwischen dem auf Grundbesitz und dem auf Gewerbefleiß beruhenden Reichtum bestanden keine Konflikte. Der Adel war durch die 1293 erlassenen sogenannten «Ordnungen der Gerechtigkeit» von den hohen Regierungsämtern ausgeschlossen worden. Er unterhielt jedoch familiäre und geschäftliche Verbindungen zu den Mitgliedern der oberen Zünfte, die ihm einen beträchtlichen Einfluß auf die Verwaltung sicherten. Und da sich die Adligen (wie Kaufleute) mit Geschäf-

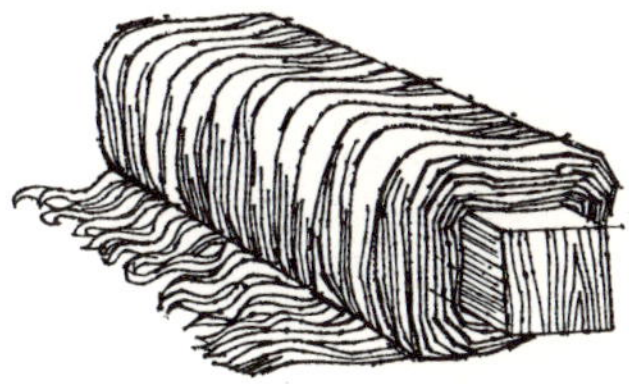

*Färben: Es folgte nach dem Schlagen, Waschen und Einölen der Wolle (billige Ware wurde nach dem Weben gefärbt). Florentiner Tuche waren in Europa, Persien und sogar in China wegen ihrer leuchtenden Farben sehr begehrt.*

*Kämmen: Hierdurch wurden die langen Fasern von den kurzen getrennt. Die langen Fasern kamen, auf Holzblöcke gewickelt, zu den Spinnern. Auch die kurzen wurden verwendet, mußten aber den Krempelprozeß durchlaufen.*

ten befaßten und die Kaufleute (wie Adlige) Kapital in Ländereien investierten, verband sie ein gemeinsames Interesse. Obgleich das aristokratische Element sicherlich die Rivalität zwischen den Familien des *popolo grasso* schürte, bestand also keine Gefahr, daß der Adel als eine in sich geschlossene Klasse die Macht an sich reißen konnte. Andererseits ließen sich die Kaufleute auch nicht durch die niederen Schichten sonderlich aus der Ruhe bringen. Das zahlenmäßig starke florentinische Proletariat, das heftig ausgenutzt wurde und bitter unzufrieden war, lehnte sich nur einmal — im Jahre 1378 — erfolgreich auf. Durch den Ciompi-Aufstand, wie diese Revolution genannt wurde, versuchten die Wollarbeiter ein Stimmrecht in der Stadtregierung zu erlangen. Obgleich der Aufstand nach ein paar Wochen scheiterte — hauptsächlich, weil es an einer geeigneten Führung fehlte —, wurden dennoch einige Zugeständnisse gemacht und zum erstenmal in der florentinischen Geschichte eine Volksvertretung aus der untersten Bevölkerungsschicht zugelassen. Aber selbst diese politische Neuerung währte nicht länger als vier Jahre. Sie wurde von der gesamten Arbeitgeberklasse in einem Anfall panischen Schreckens beseitigt, und die proletarischen Zünfte wurden für alle Zeiten aufgelöst.

**Ein französischer Abenteurer.** Im Vergleich zum übrigen Italien machte Florenz auch nur kurzfristige Erfahrungen mit der Gewaltherrschaft. Dreimal, von 1313—1322, von 1325—1330 und von 1342—1343, erlebte die

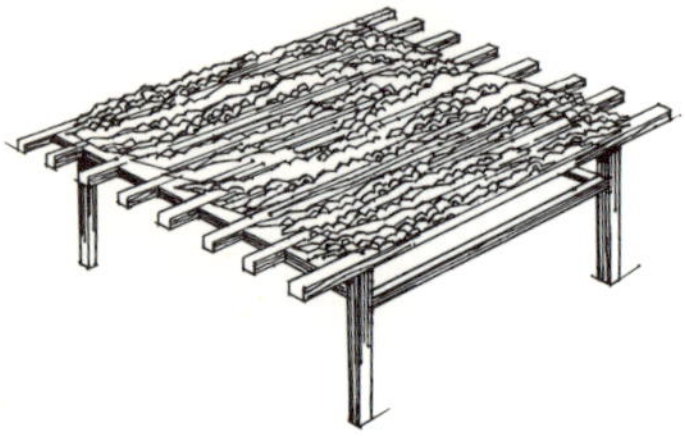

*Krempeln: Dieser Kratzvorgang bearbeitete das Material minderer Qualität. Die Wolle wurde auf Gestellen ausgebreitet und mit Drahtkratzen geordnet. Die Kratzgeräte waren eine Florenzer Erfindung; ihre Ausfuhr verboten.*

*Spinnen: Es fand hauptsächlich auf aem Lande statt, wo die Bauersfrauen in Heimarbeit die Wolle zu Garn verarbeiteten. Sie waren ständig beschäftigt, da Florenz in seiner Blütezeit jährlich etwa 80 000 Ballen Wolle verarbeitete.*

Stadt eine Diktatur. In jede dieser Episoden war ein Ausländer verwickelt, der gerufen worden war, um militärische oder politische Krisen zu beheben. Und jeder wurde von einer Woge allgemeiner Empörung hinausgeschleudert, die das Pendel wieder zur republikanischen Staatsform zurückschwingen ließ. Fortan lag die Macht, von einer Ausnahme abgesehen, in den Händen der Kaufleute aus der Oberschicht. Der Ausnahmefall folgte der Diktatur des Walter von Brienne, eines französischen Abenteurers, der 1342 gerufen wurde, um eine der periodisch auftretenden militärischen Krisen der Stadt zu beseitigen. Die Aufforderung war aus gewissen Kreisen der Oberschicht an Brienne ergangen, die ihn mit Machtbefugnissen auf Lebenszeit ausgestattet hatten.

Er verfeindete sich allerdings durch seine Steuerpolitik sehr schnell mit seinen reichen Anhängern. Bald brachte er alle sozialen Gruppen in Florenz durch sein tyrannisches Regiment so gegen sich auf, daß sie sich zusammentaten und ihn nach nur einjähriger Herrschaft vertrieben. Danach wurde der *popolo grasso* an der erneuten Übernahme der Macht gehindert, und der *popolo minuto* besetzte für die nächsten 40 Jahre die Mehrheit der Regierungsämter. Nach dem Aufstand der Ciompi gewann jedoch der *popolo grasso* von neuem die Oberhand.

**Die Macht einer einzigen Familie.** Da Florenz alle politischen, militärischen und wirtschaftlichen Krisen glücklich überstand, gelangte es zu der

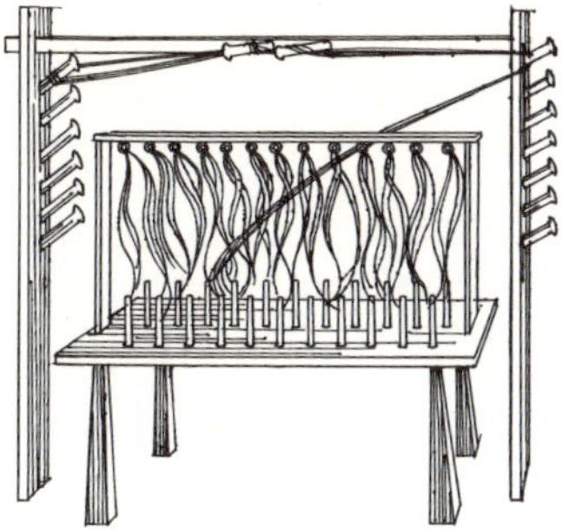

*Schären: Die Wollfäden wurden über die Pflöcke eines Schärrahmens geschlungen und für das Verweben vorbereitet. Man steckte die Wolle in diesem Rahmen und versteifte sie mit Leim, um sie für den Webstuhl zuzurichten.*

*Weben: Dieses letzte Verfahren verarbeitete das Garn zu Tuch, das die Florentiner Händler in alle Welt verkauften. Wenige reiche Kaufleute besaßen die gesamte Industrie, die zeitweilig ungefähr 30 000 Arbeiter beschäftigte.*

Überzeugung, daß seine Staatsverfassung unübertrefflich sei. Diese Überzeugung festigte sich, als die Republik um die Wende des 14. Jahrhunderts über den Herzog von Mailand triumphierte, der sie zur Unterwerfung zwingen wollte. Danach und fast das ganze 15. Jahrhundert hindurch wirkte diese Glorifizierung der Republik so mächtig, daß nur wenige Florentiner erkannten, daß die republikanische Verfassung nur noch eine Fassade war. Erst kurz vor dem Tode von Lorenzo de' Medici (1449–1492) wurde sich Florenz bewußt, daß der Staat trotz seiner republikanischen Verfassung in die Gewalt einer einzigen Familie geraten war. Nach Lorenzos Tod im Jahre 1492 und der darauf folgenden kurzen, aber verhängnisvollen Herrschaft seines arroganten Sohnes vertrieb die Stadt – als wollte sie sich von einem behexenden Traum befreien – die Medici und stellte ihre Verfassung auf breiterer demokratischer Grundlage wieder her. So hatte Florenz in der Renaissance tatsächlich oder wenigstens dem Anschein nach die meiste Zeit eine Volksregierung.

In einer Handelsstadt läßt sich das geschäftliche Leben nicht vom politischen trennen; Persönlichkeiten der Politik sind hier Persönlichkeiten der Wirtschaft. Das politische Prestige der Familie Medici in Florenz wurde durch das internationale Ansehen ihres Bankhauses gestützt. Die wirtschaftliche Macht der Zünfte spielte in der Politik unvermeidlich eine große Rolle. Ein nüchterner, wacher Geschäftsgeist bestimmte die Atmosphäre der Stadt.

Trotz des Zusammenbruchs privater Vermögen und trotz der Depression, die alle traf, war Florenz eine hoffnungsfrohe Stadt. Notzeiten begegnete sie mit vermehrter Tüchtigkeit, indem sie die Geschäftsmethoden und die industrielle Organisation verbesserte, um Händlermonopole zu brechen und Kosten zu senken. Die Florentiner glaubten an die menschliche Erfindungsgabe. Nur wenn sie sich unkontrollierbaren Vorgängen gegenübersahen, wie einer Dürre oder anhaltenden Regenfällen, wandten sie sich hilfesuchend an wundertätige Einrichtungen. Auf der Piazza Santa Trinità steht ein prächtiger Palast, der dem Unternehmungsgeist der Florentiner ein Denkmal setzt. Er wurde kurz vor 1520 von Bartolini, dem jüngsten der drei Brüder Salimbene, gebaut. Die Überlieferung berichtet, daß die Brüder eines Morgens die Nachricht erhielten, eines ihrer Schiffe habe mit einer kostbaren Fracht aus dem Orient im Hafen von Pisa angelegt. Um die Ladung zu verkaufen, mußten schnell die Preise festgesetzt werden, aber die älteren Brüder wollten nicht auf ihre Mittagsruhe verzichten. Bartolini jedoch eilte nach Pisa und handelte sich ein Vermögen ein – mit dem er seinen Palast erbaute. Über die Fenstergiebel ließ er das Motto *Per non dormire* einmeißeln: «Schlafen bringt keinen Gewinn.»

**Das Bankhaus Medici.** Wachsamkeit zahlte sich für die meisten florentinischen Geschäftsleute aus, für niemanden einträglicher als für die Bankiers Medici. Obwohl ihr Bankhaus nicht so groß war wie die Banken der Familien Peruzzi und Bardi, war es politisch das bedeutendste. Seine Verbindungen nach außerhalb, besonders zum französischen Hof und zum Vatikan, hatten beträchtlichen Einfluß auf die Außenpolitik von Florenz. Und innerhalb der Stadt wurde es politisch so mächtig, daß Lorenzo de' Medici sich mindestens einmal ungestraft an öffentlichen Mitteln bereichern konnte, um den Kredit seines Unternehmens wiederherzustellen. Die Bank wurde 1397 von Giovanni di Bicci de' Medici gegründet und bis zum Tode Cosimos de' Medici 1464 beständig erweitert. Zu Cosimos Lebzeiten hatte sie Niederlassungen in Rom, Venedig, Mailand und Pisa sowie in Florenz. Außerhalb der Grenzen Italiens befanden sich Filialen in Genf, Lyon, Avignon, Brügge und London. Jede Niederlassung war eine unabhängige Organisation, die mit anderen Filialen genauso verfuhr wie mit ihren Kunden. So konnten die Filialleiter eigenmächtige Entscheidungen treffen und die örtlichen Preis- und Geldwertschwankungen ausnutzen. Andererseits jedoch schwächte diese Regelung die Kontrollfunktionen der Hauptbank. Das Schicksal des gesamten Unternehmens hing daher weitgehend von einer umsichtigen Auswahl der Filialdirektoren ab.

Das Bankwesen umfaßte damals wie heute eine Vielzahl von Tätigkeiten. Den größten Gewinn warf das konventionelle Bankgeschäft ab: Annahme von Geldeinlagen, Überweisungen, Kreditgewährung und Einziehung von Außenständen. Da die Banken jedoch auch Institutionen zu ihren Kunden zählten – die Medici waren Bankiers der Kirche –, war ihr Wirkungsfeld sehr umfangreich.

*In einem Hauptbuch sind die Konten der Mailänder Filiale der Medici-Bank geführt. Das Unternehmen beherrschte ein Jahrhundert lang das europäische Finanzwesen. Es hatte Zweigstellen in zehn europäischen Städten.*

Außerdem befaßten sich die meisten Filialen nebenher mit Handelsgeschäften. Sie kauften und verkauften Wolle, Tuch, Öl, Gewürze und Zitrusfrüchte und gingen zeitweilig Partnerschaften mit anderen Kaufleuten ein. Derartige Vereinbarungen gaben ihnen die Möglichkeit, für ihre aristokratischen Kunden Brokate, Schmuck und Tafelsilber aufzukaufen. Einmal errangen sie sogar das Monopol für die Gewinnung und den Verkauf von Alaun, einem wichtigen Rohstoff der Textilindustrie. Diese Chemikalie diente bei der Herstellung wollener Gewebe zur Reinigung der Faser und Fixierung der Färbeflüssigkeit.

Vor 1462 war das beste Alaun aus Kleinasien eingeführt worden; in jenem Jahr wurden jedoch die Alaunvorkommen in Tolfa im Kirchenstaat als annehmbarer Ersatz anerkannt, und 1466 wurde die Medici-Bank beauftragt, sie in Betrieb zu nehmen. Papst Paul II. (1418—1471) half seinen Bankiers, indem er allen Christen die Einfuhr von Alaun aus mohammedanischen Ländern untersagte. Als ein kleines Lager auf Ischia die Voraussetzungen für eine mögliche christliche Konkurrenz schuf, trafen die Medici eilends ein Kartellabkommen mit seinem Besitzer, um ihr Monopol durch ein Zuteilungssystem zu schützen, das die Alaungewinnung sowohl auf Ischia wie in Tolfa einschränkte. Wahrhaft moderne Formen nahm der Unternehmergeist der Medici an, als die Entdeckung eines weiteren Vorkommens bei Volterra in der Toskana Lorenzo veranlaßte, seinen Anspruch auf Ausbeutung mit Gewalt durchzusetzen. Als die Bürger von Volterra, durch dieses Vorgehen und andere Übelstände gereizt, sich gegen die florentinische Herrschaft auflehnten, wurde der Aufstand niedergeschlagen und die Stadt geplündert. Volterras Alaunvorkommen erwiesen sich übrigens als unbedeutend und wurden nie gewinnbringend genutzt.

Die unbedenkliche Jagd nach Besitz war jedoch für das Finanzgebaren des Bankhauses unter Lorenzo nicht typisch. Nach Cosimos Tod ging das Geschäft zurück, 1494 stand es vor dem Bankrott. Das lag teils an äußeren Umständen: die Türken hatten den Levantehandel in ihre Hand gebracht, und eine Wirtschaftsflaute hatte nacheinander alle Banken Europas ruiniert. Aber einen Teil der Verantwortung für den Bankrott der Medici trug Lorenzo. Er hatte nicht die harte Geschäftsausbildung genossen, die Voraussetzung für das Überleben in einem Zeitalter der Konkurrenzkämpfe war. Er eignete sich eher zum Staatsmann und zum Dilettanten als zum Bankier. Überdies fehlte ihm Cosimos Spürsinn bei der Auswahl fähiger Leute für die Besetzung der Filialen. Die Männer, die ihm zur Seite standen, bedurften einer starken Führung, die er nicht geben konnte. So ging die Bank zugrunde. *Per non dormire* könnte als Motto über Lorenzos Haltung in Dingen der Politik, der Kunst und der Liebe stehen, nicht aber über seinem Beruf als Bankier.

**Kulturleben und politische Atmosphäre.** Es erscheint gewagt, das Kulturleben der Stadt auf den Einfluß der politischen Atmosphäre zurückzuführen, aber gewisse Parallelen können nicht rein zufällig sein:

• Florenz betrieb eine realistische, auf sachliche Erwägungen gegründete Politik. Es bahnte auch den Weg für den künstlerischen Realismus.

• Florenz betrachtete das republikanische Rom als Muster seiner Staatsform — und bekannte sich zu den antiken römischen Kunsttheorien und Kunstwerken.

• Florenz war sich seiner politischen Würde und Bestimmung höchst bewußt. Gleichzeitig brachte es eine von Eigenlob strotzende Literatur hervor. Viele Bauten und Kunstwerke wurden aus Geldmitteln finanziert, die die

Bürger stifteten, um den Ruhm und die Schönheit ihrer Stadt zu erhöhen.

• Die Bevölkerung nahm regen Anteil an der politischen Entwicklung – und diskutierte leidenschaftlich über öffentliche Kunstaufträge.

Zwischen Kunst und Politik läßt sich nur eine mittelbare Beziehung herstellen; die Verbindung von Kunst und Handel ist dagegen weniger problematisch. Die florentinischen Kaufleute hatten einen direkten Einfluß auf die Kunst: sie kauften sie. Im Wohlstand, um ihr Gewissen zu beschwichtigen, und in der Not, um Trost zu schöpfen und Kapital anzulegen. Reichtum bedeutete im republikanischen Florenz ein doppeltes Risiko. Überfluß erregte den Neid der Mitbürger und außerdem ihren Argwohn: wer zuviel Geld im Bankgeschäft verdiente, zeigte, daß er gegen das ausdrückliche Verbot der Kirche, Zinsen zu nehmen, gröblich verstoßen hatte.

**100 Gulden für Botticelli.** Den religiösen Verweis konnte man durch Bau und Ausschmückung von Kirchen abfangen, die Mißgunst durch verschwenderische Ausgaben besänftigen, die scheinbar der höheren Ehre der Stadt dienten. In einer Aufzeichnung für seine Kinder schrieb Lorenzo de' Medici: «Ich finde, wir haben von 1434 bis 1471 eine große Menge Geldes ausgegeben, wie aus einem Kontobuch über diese Zeit hervorgeht. Es zeigt eine unglaubliche Summe, denn sie beläuft sich auf 663 755 Gulden, die für Gebäude, Wohltätigkeit und Steuern verwendet wurden, andere Auslagen nicht gerechnet. Ich will mich hierüber auch nicht beklagen, denn obschon manch einer nur einen Teil dieser Summe gern in seiner Börse wüßte, glaube ich doch, daß sie dem Staat großen Glanz verlieh, und dies Geld ist demnach doch wohl gut angewendet worden.»

Der Betrag, der hauptsächlich zu Cosimos Zeiten verbraucht wurde, war ungeheuer hoch: ein Maler von der Berühmtheit Botticellis hätte zwischen 50 und 100 Gulden für ein Bild bekommen. Daß Cosimos Kontobuch Ausgaben für Bauwerke und Wohltätigkeitszwecke zusammenfaßt, bestätigt die Behauptung seines zeitgenössischen Biographen Vespasiano da Bisticci, der über Cosimo schrieb: «Er hatte Gewissensbisse, daß gewisse Teile seines Reichtums nicht redlich erworben waren», und hinzufügte, daß seine überaus fruchtbare Förderung des Kirchenbaus ein Akt der Reue gewesen sei. Sie war aber mindestens ebensosehr ein Akt des Stolzes.

Durch ihre Verbindung zu den französischen Höfen im Norden hatten die Medici und andere wohlhabende Bankiers und Handelsherren Geschmack an Prunk und Prachtentfaltung gefunden. Im bürgerlichen Florenz mußten sie dagegen vorsichtig sein. Die Medici verwarfen die Pläne für einen kostbaren Palast und gaben statt dessen einen bescheidenen in Auftrag, den heutigen Palazzo Medici-Riccardi. Aber auf geweihtem Boden erschien eine gewisse Zurschaustellung von Reichtum und Einfluß verhältnismäßig ungefährlich; das Wappen der Medici schmückt aus diesem Grund alle von Cosimo erbauten Kirchen.

**Prunkvolle Repräsentation.** Sein Sohn Piero jedoch offenbarte etwas mehr Feingefühl. In der Erkenntnis, daß das Familienwappen – sechs rote Kugeln – Anstoß erregen könnte, beschränkte er sich darauf, sein eigenes Wappen nur in der Kirche San Miniato anbringen zu lassen, für die er ein Tabernakel gestiftet hatte. Aber Pieros Zurückhaltung war nicht von Dauer. Als er für eines der bedeutendsten Heiligtümer von Florenz – das Gnadenbild Mariä Verkündigung in der Kirche Santissima Annunziata – ein marmornes Tabernakel bestellte, konnte er der Versuchung nicht widerstehen und ließ folgende Worte einmeißeln: *Costò fior. 4 mila el marmo solo,* d. h. «der Marmor allein kostete 4000 Gulden».

Da Kirchen ein gefahrloses Betätigungsfeld für prunkvolle Repräsentation boten, wurden Kunstgegenstände, die sich in sakrale Bauten leicht einfügen ließen, wie Bilder, Plastiken, Glasmalerei, eher gefördert als künstlerische Objekte, die einen spezifisch weltlich-privaten Charakter trugen. Und da Malerei und Plastik auf diese Weise der öffentlichen Kritik ausgesetzt waren, entstand ein gesunder Wettstreit unter den Künstlern. Die florentinischen Künstler empfingen aber auch Anregungen von ihren Gönnern. Die reichen Florentiner Mäzene beschäftigten sich auf Grund ihrer humanistischen Bildung und ihres anhaltenden Interesses für humanistische Studien ebenso lebhaft mit dem Schaffensprozeß wie mit dem vollendeten Kunstwerk. Sie wollten nicht nur nach ihrer Großzügigkeit, sondern auch nach ihrem Geschmack beurteilt werden, und so ermunterten sie Künstler wie Botticelli, einen «modernen», charakteristisch eigenen Stil zu entwickeln.

Der Einfluß dieser anspruchsvollen Kunstkenner machte sich weithin bemerkbar. Ihre weniger bedeutenden Geschäftsfreunde zum Beispiel versuchten ihnen nachzueifern. Francesco Sassetti und Giovanni Tornabuoni, die Direktoren der Medici waren und sich sonst nicht besonders für die geistigen Strömungen der Zeit interessierten, gaben beide Ghirlandaio den Auftrag, Fresken für sie zu malen. Sassetti bestellte Fresken für die Familienkapelle in Santa Trinità, Tornabuoni für den Chor von Santa Maria Novella.

Auch Zünfte und städtische Organisationen folgten diesem Vorbild und gaben Kunstwerke in Auftrag. Da sie aber ihrem eigenen Urteil mißtrauten, übertrugen sie reichen Kaufleuten die endgültige Entscheidung bei der Auswahl. Das Standbild des heiligen Georg von Donatello repräsentiert in seiner edlen Komposition offensichtlich den Geschmack einer kleinen Minderheit der Waffenschmiede, deren Zunft das Geld für die Statue gab. Die Gilde suchte Rat bei denjenigen, die kunstverständiger waren. Aus eigenem Antrieb, ohne die Unterstützung der reichen, gebildeten Oberschicht, hätten sich möglicherweise die Künstler nicht so leicht von den mittelalterlichen Stilen lösen und zu individuellen Ausdrucksformen finden können.

Der Geschmack der Reichen gab also den Ton an. Aber das merkantile

*Donatello (1396–1466) gilt als Hauptmeister der italienischen Frührenaissance. Er schuf die ersten Freifiguren seit der Antike und bemühte sich, den Menschen in seinem geistigen und körperlichen Wesen zu erfassen. Er beherrschte in besonderem Maße die verschiedensten Materialien (zum Beispiel Marmor, Bronze, Terrakotta). «Der heilige Georg» besteht aus Marmor und wurde 1416 von Donatello hergestellt.*

*Öffentliche Wettkämpfe wie das hier abgebildete wilde Pferderennen oder Palio, mit dem die Florentiner ihren Schutzheiligen ehrten, fanden auf Straßen und Plätzen aller Re-*

*naissancestädte statt. Jede Stadt hatte ihre traditionellen Feste dieser Art, und bei keiner Veranstaltung durften Kampfspiele fehlen.*

Klima der Stadt als Ganzes trug wohl nicht wenig zur Förderung der Künste bei. Die Kunst folgt zwar ihren inneren Wachstumsgesetzen und dem spezifischen Talent der einzelnen Künstler, aber sie kann auch vom Tempo der Gesellschaft bestimmt werden.

**Realistische Porträtkunst.** Inmitten einer Welt von Realpolitikern und nüchternen Finanzleuten rang sich der florentinische Künstler vielleicht früher zum Realismus durch, als er es anderswo getan hätte. Der durchschnittliche florentinische Geschäftsmann wußte, wozu die Dinge – Häuser, Felder, Weinberge – da waren und kannte ihren Preis. Die Lust am materiellen Gewinn stand im Vordergrund seines Denkens. Diese Kenntnis des wirklichen Wertes im Gegensatz zum symbolischen Wert übertrug sich auf andere Lebenssphären. Andere Männer mochten Heldentaten auf dem Schlachtfeld vollbringen, um derentwillen sie von Dichtern und Chronisten gefeiert wurden – er verfügte über andere Talente: er hatte Geld gemacht, seine Steuern bezahlt und genau Buch geführt. Die Nachwelt sollte sich an ihn erinnern. So ließ er sich in die Bilder hineinmalen, die er für seine Kirche bestellte: als demütiger Bittsteller, der in einer Ecke der Bildszene kniete, als Zuschauer in einer Volksmenge. Und da es keinen Sinn hat, sich porträtieren zu lassen, ohne erkannt zu werden, wollte er so abgebildet werden, wie er war: es ist kein Zufall, daß in Florenz die realistische Porträtkunst als leibhaftige und ähnliche Darstellung eines bestimmten Menschen besonders studiert und intensiv gepflegt wurde.

Die kaufmännische Lebenseinstellung hat natürlich nicht Masaccios Stil oder Giottos einzigartige Malweise hervorgerufen, aber hat die Künstler doch getragen und ihnen zu einer Nachfolge verholfen. Während des 14. und 15. Jahrhunderts tendierte die florentinische Malerei zu einer äußerst exakten Wiedergabe der sichtbaren Wirklichkeit.

**Botschafter der Kultur.** Vielleicht war es eine Kunst, die – wie ein florentinischer Schriftsteller verächtlich bemerkte – sich nach Männern orientierte, die «sagen, es genüge, wenn einer mit seinem Namen unterzeichnen kann und imstand ist, im Hauptbuch den Saldo zu ziehen». Aber wäre diese Grundlage realistischer Existenzbewältigung nicht gewesen, hätten die Großen der Hochrenaissance niemals so intensiv persönliche Werke schaffen können. Für Michelangelo, Raffael und Tizian war die technisch vollendete Nachbildung der Natur und des Menschen eine selbstverständliche Voraussetzung. Von hier aus drangen sie weiter vor und erfüllten die Realität mit ihrer persönlichen Anschauung.

Zum Gedeihen der Künste in Florenz trug nicht zuletzt die Tatsache bei, daß sie propagandistisch verbreitet wurden. Die Florentiner waren stolz darauf, daß Giotto von anderen Städten Aufträge erhielt und nach Padua, Assisi und Neapel gerufen wurde, um dort zu arbeiten. Zur Zeit Lorenzos de' Medici übernahmen die Künstler schon etwa die Funktion von Botschaftern der Kultur. Lorenzo empfahl seinen Lieblingsarchitekten Giuliano da Sangallo an den König von Neapel und schlug Ghirlandaio und Botticelli Papst Sixtus IV. als Freskenmaler für die Sixtinische Kapelle vor. Und sehr wahrscheinlich befürwortete er Leonardos Gesuch, für Lodovico Sforza in Mailand zu arbeiten.

Florenz errichtete seinen berühmten Malern sogar Denkmäler: eines für Filippo Lippi in der Kathedrale von Spoleto, wo er starb; eines für Giotto im Dom von Florenz mit Inschriften, die Lorenzos literarischer Berater Angelo Poliziano verfaßt hatte. In keiner anderen Stadt waren sich die Künstler ihrer hervorragenden Bedeutung im öffentlichen Leben so sehr bewußt wie hier. Immer wieder finden sich Hinweise in der florentinischen Literatur, die triumphierend von der künstlerischen Überlegenheit der Stadt künden. 1436 schrieb der Architekt, Maler und Schriftsteller Leon Battista Alberti die erste Abhandlung über die Theorie der Malerei. In seinem an den Maler, Bildhauer und Architekten Brunelleschi gerichteten Vorwort sagt er: «Verglich ich die Künste und Literaturen der Alten mit den unseren, meinte ich, daß die Natur, die Geliebte jener Künste, verbraucht sei und die mächtigen, groß ersonnenen Werke nicht mehr hervorbringen könne, die sie in ihrer strahlenden Jugend so freigebig verschwendet hatte. Nachdem ich aber nach langer Abwesenheit in dieses unser Land zurückgekehrt bin . . . habe ich in vielen — zuvörderst in Euch, Filippo, und sodann in unserem lieben Freunde Donato [Donatello], und in jenen Anderen, Nenci [Ghiberti], Luca [Luca della Robbia] und Masaccio — eine Gabe für alle lobenswerten Künste wahrgenommen, die nicht einmal von der berühmtesten Stadt des Altertums übertroffen wird.»

Ein Beispiel mag genügen, um zu zeigen, welche freudige Zuversicht diese Auffassung den Künstlern einflößte: der Goldschmied Bernardo Cennini, der, ohne eine regelrechte Ausbildung als Drucker genossen zu haben, die Lettern für einen prachtvollen Vergilkommentar entwarf, schnitt und goß, rief am Schluß des Buches aus: *Florentinis ingeniis nihil ardui est* — «dem florentinischen Erfindungsgeist ist überhaupt nichts unmöglich».

Ganz Florenz stimmte in seinen Triumph ein. In dieser Stadt konnte sich die Leistung des einzelnen glücklicher entfalten als irgendwo sonst. Ihre Atmosphäre, in der sich Patriotismus und klassische Bildung, nüchterner Geschäftssinn und politische Tatkraft aufs innigste verbanden, schenkte dem Genie jeder Art ein gesteigertes Selbstgefühl. Mit dieser Anerkennung der schöpferischen Individualität vollzog Florenz die Wendung vom Mittelalter zur Moderne.

# 5. Der Triumph der Kunst

Wir haben gesehen, daß Italien in seiner Lebensfülle und seinem Formenreichtum allen anderen europäischen Ländern überlegen war und daß Florenz innerhalb Italiens die geistige und kulturelle Führung innehatte. Wir werden uns nun mit der Revolution auf dem Gebiet der schönen Künste beschäftigen, die von Florenz ausging und zu einem triumphalen Ausklang führte – einer Revolution, der die Nachwelt die tiefsten Wonnen und Inspirationen verdankt.

Zwischen den beiden großen Florentinern Giotto und Michelangelo vollzogen die italienischen Künstler eine Entwicklung, die von der unrealistischen symbolischen Kunst des Mittelalters zu einer Meisterschaft der Illusion führte – zu einer Kunst, die den Eindruck einer exakten Wiedergabe der wirklichen Welt erweckte. Diese Bewegung begann in Florenz und empfing dort auch ihre stärksten Impulse. Drei Generationen bezeichnen ihren Weg. Die erste, zu Beginn des 14. Jahrhunderts, wird von Giotto (1267 bis 1337) bestimmt. Die hervorragenden Vertreter der zweiten, im frühen 15. Jahrhundert, sind der Maler Masaccio (1401–1428) und der Bildhauer Donatello (1386–1466). Die dritte, die das späte 15. und das frühe 16. Jahrhundert umspannt, wird von Leonardo da Vinci (1452–1519) und Raffael (1483–1520) markiert und gipfelt in Michelangelo (1475–1564), der – wie der zeitgenössische Maler Vasari sagte – die Natur nicht nur vollkommen nachbildete, sondern darüber hinaus eine ideale, intensiv erlebte Vision in seinen Werken ausdrückte: «Er pflegte seine Gestalten von neun bis zehn und zwölf Kopflängen zu arbeiten, aus keiner anderen Absicht, als um bei der Zusammenstellung auf eine gewisse übereinstimmende Anmut zu kommen, die sich in der Natur nicht findet, wobei er dann sagte, man müsse den Zirkel in den Augen und nicht in den Händen haben, da die Hand arbeite und das Auge urteile.»

**Giotto – ein echter Revolutionär.** Giotto, der als erster diese Richtung einschlug, war ein echter Revolutionär. Er fand in den Werken früherer Maler kaum Anhaltspunkte vor, die ihm geholfen hätten, Raumtiefe zu erzielen oder Menschengestalten zu schaffen, die wirklich menschliche Gefühle ausdrücken. Der mittelalterliche Maler betrachtete die Welt wie durch

*Das Selbstporträt Ghibertis, das eine seiner Bronzetüren am Florentiner Baptisterium schmückt, deutet das Standesbewußtsein der Renaissancekünstler an. Die Türen fanden so großen Beifall, daß Ghiberti (1378–1455) in den Rat der Zwölf gewählt wurde.*

ein von Konventionen vereistes Fenster; Giottos warmer Blick brachte die meisten von ihnen zum Schmelzen.

Für den Menschen des Mittelalters war das Bild des menschlichen Wesens «real», wenn es ihn an einen wirklichen Menschen erinnerte, ähnlich wie ein Kind das Porträt seines Vaters «real» findet, selbst wenn es nur eine Strichfigur darstellt. In beiden Fällen handelt es sich um Hinweise auf die

*Die hier abgebildeten Kunstwerke machen deutlich, daß die Künstler der Renaissance sich der Antike verpflichtet fühlten, sich aber von der mittelalterlichen Kunst abgewandt hatten. Das Fresko aus dem 1. Jahrhundert v. Chr. (links) stellt die drei Grazien – Frohsinn, Festesglanz und Lieblichkeit – dar. Die Grazien sind üppige Tänzerinnen, die die menschliche Schönheit idealisieren sollten. Im Mittelalter hingegen wurde der menschliche Körper nicht mehr um seiner selbst willen bewundert, die Grazien erscheinen darum flach und körperlos (rechts: Miniatur aus dem 13. Jahrhundert). Solche Werke wurden in der Renaissance als «Karikatur des Menschenbildes» bezeichnet.*

vgl. dagegen Botticellis „Frühling"

Wirklichkeit. Giotto löste sich von dieser symbolischen, zeichenhaften Welt und wandte sich einer Malweise zu, die Menschen und Dinge direkt aussagte, ohne den Umweg über den Verweis auf etwas Höheres, Allgemeines. Seine Gestalten stehen in natürlicher Körperhaltung in einer lebensnahen Umwelt und sind wie lebendige Menschen, die sich unterhalten oder ein Schauspiel betrachten, aufeinander bezogen. In seinen Szenerien versucht er, reale Zimmer und Räume abzubilden. Niemand weiß, was Giotto dazu trieb, in diesem Stil zu malen. Die Überlieferung berichtet, daß er sein Leben als Ziegenhirt, unberührt vom Einfluß mittelalterlicher Maler, begann und sich deshalb bei der Wiedergabe des sinnlich Wahrnehmbaren ganz auf seine angeborenen Fähigkeiten verließ — ähnlich wie der prähistorische Mensch, der die Wände seiner Höhle mit Tierzeichnungen schmückte, die die Präzision und Geschicklichkeit des Jägers verraten, der seine Beute kennt.

Was auch immer die Ursache gewesen sein mag, Giotto gab einem Bedürfnis der zeitgenössischen Gesellschaft Ausdruck. Wer seine Arbeiten in Assisi, Rom, Padua, Neapel oder Florenz sah, mußte sich für oder gegen ihn entscheiden. Übersehen konnte man ihn nicht. Dante (1265—1321) sagte im *Purgatorio* der *‹Göttlichen Komödie›* über Giottos Vorgänger Cimabue (1240—1302): «Das Feld zu halten glaubte Cimabue als Maler, jetzt nennt alles Giottos Namen.» Giovanni Villani rühmte seinen Mitbürger als den «unumschränkten Herrn und Meister der Malerei seiner Zeit, der alle seine Figuren und ihre Posen nach der Natur zeichnete». Er fügte hinzu, daß «die Kommune ihm in Würdigung seines Talentes und seiner Vortrefflichkeit ein Gehalt zahlte». Leonardo äußerte später die gleiche Ansicht: «Ich sage zu den Malern, daß nie Einer die Manier eines anderen nachahmen soll . . . Weil nämlich die natürlichen Dinge in so großer Fülle vorhanden sind, so will und soll man sich viel eher an sie wenden, als zu den Meistern seine Zuflucht nehmen, die von ihr gelernt haben.» Als Beispiel führt er Giotto an, weil dieser «in einer Bergeseinsamkeit geboren ward, die nur von Ziegen und dergleichen Tieren bevölkert wird, und da es die Natur war, die ihn zur Kunst hinleitete, fing er an, auf die Felsen die Bewegungen der Ziegen zu zeichnen, die er hütete».

Leonardo fuhr fort: «Danach verlor diese Kunst wieder an Kraft, denn jeder ahmte die Bilder nach, die bereits geschaffen waren . . . bis Masaccio durch seine vollkommenen Werke zeigte, wie jene, die sich nicht an die Natur halten, die die Gebieterin aller Meister ist, sich umsonst abmühen.» Masaccio, der erste Maler nach Giotto, der diesem fast ebenbürtig war, lebte im frühen 15. Jahrhundert. Mit ihm trat die Malerei in eine Phase intensiver technischer Entwicklungen ein, die Masaccio mit seinem Werk schon weitgehend vorwegnahm. Seine Gestalten wirken zugleich kräftiger und entspannter als Giottos, und sein Bildraum scheint von flimmernder Luft durchdrungen. Er war der erste Maler der Renaissance, der die geometrische Raumperspektive meisterte, der erste, der die menschliche Anatomie unter dem Faltenwurf der Gewänder andeutete, und der erste, der mit dem Chiaroscuro, der Verteilung von Licht und Schatten, experimentierte. Diese drei Neuerungen — besonders aber die Perspektive — beschäftigten und faszinierten Maler und Bildhauer in den folgenden 50 Jahren.

**Die geometrische Perspektive.** Die geometrische Perspektive wurde

*Der heilige Petrus spendet das Sakrament der Taufe in diesem Fresko von Masaccio. In der Renaissance widmete sich die Kirche gleichermaßen dem Leben des Menschen in der irdischen Welt und im Jenseits. Ihre Diener betätigten sich überall: Sie arbeiteten in Hospitälern, lehrten in Schulen und leiteten Pfandleihgeschäfte, Waisenheime und Armenhäuser. Es gab auch viele Wandermönche und reformfreudige Bußprediger, die ganze Städte mit «glühender Wortgewalt» zur Frömmigkeit aufrüttelten. In diesem Zeitalter bildeten weltliche Gesinnung und vitale Gläubigkeit die wesentlichsten Merkmale.*

*Die Prinzipien der Perspektive faszinierten die Renaissancekünstler. Der Architekturprospekt, eine Zeichnung des Malers und Architekten Baldassare Peruzzi (1481–1536) aus Siena, zeigt, wie die Perspektive die Illusion der Tiefe auf ebener Fläche erzeugt.*

wahrscheinlich von dem Architekten Brunelleschi «erfunden», der wohl im Verlauf seiner Proportionsstudien an antiken römischen Bauwerken auf ihre Prinzipien stieß. Seine Entdeckung bedeutete für die zeitgenössischen Maler eine Sensation. Einige, wie Masaccio, beherrschten sie meisterhaft, andere waren völlig von ihr besessen. Paolo Uccello, der derselben Generation wie Masaccio angehörte, war in die perspektivische Technik so vernarrt, daß er Nächte an seinem Zeichentisch verbrachte und seiner Frau, die ihn zu später Stunde aufforderte, sich endlich schlafen zu legen, antwortete: «Welch schöne Sache ist die Perspektive!» Piero della Francesca holte sich bei den griechischen Mathematikern theoretische Hilfe, um eine Abhandlung über die Perspektive zu schreiben, die sogar zweitrangige Maler befähigte, die relative Größe der Gegenstände proportional angemessen zu zeichnen.

Zu Leonardos Zeiten hatten die Maler eine solche Geschicklichkeit im Gebrauch der Perspektive erlangt, daß Leonardo zwei Perspektiven gleich-

*Die eingefügten weißen Linien in der schematisch vereinfachten Darstellung folgen Peruzzis Hauptlinien, die in einem einzigen Punkt, dem «Fluchtpunkt», zusammenlaufen (Mitte).*

zeitig verwenden konnte — das Geheimnis der ‹*Mona Lisa*› rührt zum Teil daher, daß die Figur und der Hintergrund auf zwei verschiedene Fluchtpunkte bezogen sind.

Angeregt durch die geometrische Perspektive, beschäftigten sich die Maler auch mit der Luftperspektive, indem sie für zurücktretende Gegenstände blassere Farben verwendeten, um die Illusion der Entfernung zu erzeugen. Und aus der Chiaroscuro-Technik, die die Konturen der Formen mit Licht und Schatten umgab, entwickelte sich das *sfumato*, das die Objekte durch eine wolkige Verwischung der Umrisse mit der Umgebung verschmolz. Leonardo, der in der *sfumato*-Technik bahnbrechend wirkte, entdeckte auch, daß Schatten nicht einfach grau sind, sondern Farbe haben und auf Schnee zum Beispiel blau aussehen.

**Studium der Anatomie.** In ähnlicher Weise geriet auch Masaccios künstlerisches Interesse für die Anatomie weit über die ursprüngliche Zielsetzung hinaus. Die Beschäftigung mit dem Bau des menschlichen Körpers leitete die Maler zum Studium der Anatomie. Einer aus ihrer Reihe, Antonio Pollaiuolo, zeichnete Körper mit so präziser Muskelstruktur, daß er als der erste Künstler gilt, der tatsächlich Sektionen ausführte. Sein berühmter Kupferstich *‹Kampf der nackten Männer›* gab vermutlich den Anstoß für die später so beliebten Darstellungen menschlicher Leiber in heftiger, manchmal verzerrender Bewegung, die jede Sehne und jeden Muskel zeigt. Es gibt vor den Impressionisten des 19. Jahrhunderts keine Künstlergruppe, die die Renaissancemaler in der Nachbildung der Natur auf ebener Fläche übertroffen hätte.

Und doch erreichte die Renaissancekunst dieses Ziel nicht ohne Stocken. Trotz der Tatsache, daß viele Kunstförderer nicht zum Klerus gehörten, blieb die Kunst religiös gebunden. Der Mensch stellt, je nach den Zeitverhältnissen, sehr verschiedene Ansprüche an die Religion. Verläuft das Leben ruhig und ersprießlich, betrachtet er Christus und die Heiligen als Freunde und will sie so auch abgebildet sehen, das heißt als Sterbliche, die ihm gleichen. Er wird dann sogar keine Bedenken haben, wenn der Maler der Jungfrau Maria die idealisierten Züge seiner Frau oder Geliebten verleiht. In unruhigen Zeiten aber denkt er an den Tod und das Jüngste Gericht und möchte Christus und die Heiligen als unerforschliche, göttliche Fürbitter dargestellt sehen.

So geschah es um die Mitte des 14. Jahrhunderts, als die Pest über Italien hereinbrach. Giotto und seine Nachfolger, die die biblischen Gestalten und Geschichten vermenschlicht hatten, wurden verworfen; eine neue Malrichtung setzte sich durch. Sie verhalf dem Übernatürlichen und der religiösen Autorität wieder zu ihrem Recht: um die Menschen vom Tode zu erretten, bedurfte es des Wunders; um sie auf die schwere Prüfung des Sterbens vorzubereiten, brauchte man den Beistand der Kirche. Plötzlich erschienen die Unterschiede zwischen Christus und den gewöhnlichen Sterblichen, zwischen der Mutter Maria und den irdischen Frauen wichtiger als ihre Gemeinsamkeiten.

**Religion und Malerei.** Diese neue Malerei stellt die Heilige Jungfrau nicht mehr auf der Erde mit diesseitig-mütterlicher Gebärde dar, sondern läßt sie auf wunderbar übernatürliche Weise in der Luft schweben. Christus wird nicht in seinem Menschsein, sondern in seiner Majestät gezeigt, umhüllt von erhaben schimmernden Gewändern, die ihn von sterblichen Menschen absondern. Er steht nicht in einer wirklichen Landschaft, sondern in einer geheimnisvollen Sphäre. Die Maler wenden sich neuen oder ungebräuchlichen Themen zu, die auf die Unsterblichkeit deuten — der Dreifaltigkeit, dem Pfingstfest. Die Stoffe der biblischen Geschichte — wie die Darstellung Mariä im Tempel —, die Giotto und seine Nachfolger beinahe in der Manier der Genremalerei behandelt hatten, werden mit priesterlicher

*Figuren in Aktion, in der die Spannung der Muskeln sichtbar wird, waren das künstlerische Ideal gegen Ende des 15. Jahrhunderts. «Herkules und Antäus» (Bronzeguß) stammt von Pollaiuolo.*

Strenge geformt. Maria steigt nicht mehr impulsiv die Stufen zum Tempel empor, sondern ist zu einem Symbol der nach Erlösung strebenden Seele erstarrt. Der sie erwartende Priester wendet sich nicht zu ihr, um sie zu begrüßen, sondern heftet den Blick auf den Beschauer. «Ohne mich», so scheint er feierlich zu sprechen, «kannst du nicht gerettet werden.» Während am Anfang des Jahrhunderts die Gestalten in der Haltung gewöhnlicher Menschen gezeigt wurden, stehen sie nun steif und starr und bieten ihre Gesichter, der mittelalterlichen Konvention folgend, nur von vorn oder im scharfgeschnittenen Profil dar.

Um 1380 jedoch hatte sich die Panik gelegt. Die Menschen entschlossen sich wieder, dem Leben auf Erden gefaßt entgegenzublicken, und die Maler knüpften von neuem bei den Anfängen des Realismus an, die Furcht und mystische Schwärmerei verschüttet hatten. Gegen Ende des Jahrhunderts brachte Spinello Aretino, ein fader, aber sehr lebensnaher Maler, die menschliche Empfindung und die gegenständliche Genauigkeit in der Malerei wieder zu Ehren und nahm damit die von Giotto eingeleitete Bewegung erneut auf. Fortan verlief sie ungehindert über mehr als hundert Jahre.

**Ein künstlerischer Wettstreit.** Die Wende wurde weniger durch Spinellos blutleeren Stil als durch ein anderes Ereignis herbeigeführt: 1401 wurde mit Hilfe eines Wettbewerbs ein Künstler ausgewählt, der eine Bronzetür für das Baptisterium von Florenz schaffen sollte. An der Ausschreibung beteiligten sich die beiden angesehensten Bildhauer von Florenz, Filippo Brunelleschi (1377–1446) und Lorenzo Ghiberti (1378–1455), und da die Rivalen fast ebenbürtig waren, fand der Wettstreit beim Florentiner Publikum ein lebhaftes Echo.

Die Kaufmannszunft hatte die Tür in Auftrag gegeben und die allein nach ästhetischen Gesichtspunkten orientierten Bedingungen festgesetzt. In seiner Biographie des Siegers Ghiberti schrieb Vasari: «Jeder sollte . . . darstellen, wie Abraham seinen Sohn Isaak opfert, weil man glaubte, jene Meister könnten hierin sehr wohl die Schwierigkeiten der Kunst zeigen, könnten dabei Tiere und Landschaften, Gestalten mit und ohne Gewänder anbringen, die vordersten Figuren erhaben, die zweiten halb erhaben und die letzten flach arbeiten.» Ghibertis Arbeit trug den Sieg davon, weil, wie Vasari sagte, «dies ganze Werk nach schöner Zeichnung und sehr wohl zusammengestellt [war], die Figuren waren schlank, hatten Anmut und schöne Stellungen, und das ganze war mit solchem Fleiß ausgeführt, daß es nicht gegossen und mit Eisen geputzt, sondern geblasen zu sein schien».

Abgesehen von der überlegenen Einheitlichkeit der Darstellung bei Ghiberti zeichneten die Schiedsrichter nicht den Entwurf aus, der die höchste religiöse Verinnerlichung zeigte, sondern den, der das klassische Ideal der Nacktheit am schönsten verwirklichte.

Ähnlich wie es bei Giotto fast ein Jahrhundert früher der Fall gewesen war, stimmte Ghibertis künstlerische Auffassung mit dem Publikumsgeschmack überein. Der Humanismus, der ihm und den zeitgenössischen Künstlern ein immer umfassenderes System ästhetischer Theorien an die Hand gab, sorgte auch für eine ständig kultivierter und differenzierter werdende Gemeinde von Förderern. Allerdings behauptete der Humanismus nicht unbestritten das Feld. Es gab noch Maler wie Gentile da Fabriano und Benozzo Gozzoli, die in herrlichen Farben mittelalterliche Szenen mit einem Gewimmel eleganter, zierlicher Figuren malten, die wie erlesene, zu Freskogröße aufgetriebene Miniaturen aussahen. Aber dieser leuchtende und geistig erschlaffte Stil war nicht eigentlich toskanischer Herkunft, sondern drang von den burgundischen Höfen im Norden ein. Der echte toskanische Stil, der Stil, der nicht nur die italienische, sondern allmählich die gesamte europäische Kunst verwandelte, war eine florentinische Schöpfung.

Um 1425 hatte Masaccio diesem neuen Stil mit seinem großartigen Gemälde der Dreifaltigkeit in der Kirche Santa Maria Novella zum Durchbruch verholfen. Auf diesem Bild schwebt der Gottvater nicht im Himmelsraum, sondern steht fest unter dem Gewölbe – nicht des Himmels, sondern eines herrlich geschwungenen römischen Bogens. Im selben Jahr hatte Brunelleschi seine Verstimmung über das Ergebnis des Wettbewerbs für die nördliche Tür des Baptisteriums überwunden, sich ausschließlich der Architektur zugewandt und das Findelhaus von Florenz in klassischen Proportionen entworfen. Und in demselben Jahr arbeitete Ghiberti an der letzten Tür des Baptisteriums und formte seine Figuren mit einer so überragenden Gestaltungsgabe, daß Michelangelo ungefähr 50 Jahre später erklärte, die Tür sei würdig, die Pforte des Paradieses zu bilden. Das Gesetz der Harmonie, Würde und Logik beherrschte die Stunde. Der Kunsttheoretiker Alberti verachtete jene unwissenden Künstler – wie zum Beispiel die Maler von Hochzeitstruhen –, die weiterhin echtes Gold verwendeten, um ein aufwendig prunkendes Geglitzer zu erzeugen.

**Realismus und Naturtreue.** Doch trotz dieser starken Tendenz zum Realismus war die Renaissancekunst in gewissem Sinne nicht einfach Nachahmung der Natur. Der Begriff Realität umfaßt viele Bedeutungsnuancen. Giottos Figuren sind real im Vergleich zu jenen einer früheren Kunst, aber gemessen an den Gestalten Raffaels, der 200 Jahre später malte, erscheinen sie beinah unwirklich. Zu Raffaels Zeiten waren die wissenschaftlichen Forschungen so weit gediehen, daß sie dem Künstler erlaubten, eine hohe Naturtreue zu erreichen. Man hatte Systeme der Perspektive erarbeitet und den menschlichen Körper – tot und lebendig – aufs genaueste erforscht. Aber die Wirklichkeitsnähe eines Bildes ist niemals das Ergebnis wissenschaftlicher Methoden. Kein wahrhaft großes realistisches Bild ist deshalb groß, weil es irgendein Objekt exakt wiedergibt. Die Darstellung der Wirklichkeit erhebt sich erst dann recht eigentlich zur Kunst, wenn sie durch die Formkraft des bildenden Künstlers verwandelt wird.

Aber je mehr uns der Künstler davon überzeugt, daß er ein genaues Abbild eines Modells schaffen *könnte*, wenn er wollte, um so deutlicher wird uns bewußt, wie sehr sich seine Anschauung von der Fotografie unterscheidet.

So verhielt es sich auch mit den wissenschaftlichen Studien des Renaissancekünstlers. Sie halfen ihm zwar, die Natur nachzuahmen, aber zugleich verlockten sie ihn, sich von der tatsächlichen Vorlage zu entfernen. Die Perspektive zum Beispiel bildete trotz ihres kraß rationalen und mathematischen Charakters nur ein künstlerisches Mittel, die Illusion des Raumes auf die Fläche zu projizieren. Sie setzte einen festen Standpunkt und eine bestimmte Blickrichtung voraus und galt daher als Kunstgriff. Und wie jede

*«Der Höllensturz», eine anatomisch virtuose Darstellung, stammt von Luca Signorelli (1445–1523). In den Gemälden von Luca Signorelli, die Michelangelo genau studierte, bevor er seine Fresken für die Sixtinische Kapelle entwarf, werden alle möglichen Stellungen des bewegten Körpers vorgeführt.*

Erfindung reizte sie den schöpferischen Künstler, mit ihr zu spielen. Uccello spielte mit ihr in seinen Schlachtenbildern zugunsten dekorativer Wirkungen; Leonardo benutzte sie in seiner *‹Mona Lisa›*, um eine geheimnisvolle Atmosphäre zu evozieren.

Ähnlich verfuhr man mit der Anatomie. Signorelli pflegte mehrere Entwürfe von den Gliedmaßen seiner Figuren anzufertigen, um eine möglichst plastische Körperlichkeit zu erreichen (die aufeinanderfolgenden Stadien sind in seinen Zeichnungen noch sichtbar). Michelangelo hingegen verzerrte die Formen der nackten Leiber – vor allem im *‹Jüngsten Gericht›* –, um seinen Gestalten eine gesteigerte innere Ausdruckskraft zu verleihen. Selbst Alberti, der ein glühender Verteidiger der Naturnachahmung war, ließ sich in seinen Schriften manchmal mehr von dem Prinzip der Schönheit als dem der Wirklichkeitstreue leiten: «Wir beschrieben die hauptsächlichen Maße eines Menschen», bemerkt er in seiner Untersuchung über die Plastik. «Wir wählten jedoch nicht diesen oder jenen einzelnen Körper aus, sondern versuchten, die höchste Schönheit, gleichsam wohlverteilt auf viele Körper, aufzuspüren und schriftlich niederzulegen.»

Leonardo wandte sich gegen diese abstrahierende Naturauffassung: «Die Malerei ist am lobenswertesten, welche am meisten Übereinstimmung mit dem nachgeahmten Gegenstand hat.» Leonardo meinte, daß der Maler sich fortwährend auf das konzentrieren solle, was er vor sich sieht – wie es der junge Giotto tat –, nicht auf das, was er in sich sieht. Er solle das Rohmaterial der Natur nicht benutzen, um daraus ein Ideal abzuleiten. Und in Widerlegung der These Albertis erkannte Michelangelo das Ziel des Künstlers weder in der Nachahmung der Natur noch in der Idealisierung, die auf der Zusammenfassung verschiedener Vollkommenheiten beruht, sondern in dem Ausdruck eines Ideals, das seinem Geiste vorschwebte.

Den Renaissancekünstlern ging es auch gar nicht um jene Art Realismus, der Wirklichkeitsnähe im Sinne von Lebensechtheit herzustellen sucht. Kein Künstler der Renaissance malte je eine Landschaft um ihrer selbst willen oder eine Gruppe von Menschen in zwangloser Unterhaltung. Die Maler trugen keine Bedenken gegen die anachronistische Behandlung eines Stoffes, sie fügten sorglos zeitgenössische Gestalten in biblische Szenen ein und hatten kaum eine Vorstellung von dem Begriff des *verismo*, der «Naturtreue». In dieser Hinsicht blieb ein Wesenszug des Mittelalters – das Nebeneinander von Realität und Irrealität in der Malerei – auch in der Renaissance bestehen.

**Symbole.** Noch ein anderes Merkmal des Mittelalters kennzeichnet den Renaissance-Realismus: der ständige Gebrauch von Symbolen zur Kommentierung oder Erklärung der Bedeutung eines Bildes. In gewissem Maße war die Malerei der Renaissance trotz ihres realistischen Charakters mystischer in ihrer Aussage als die mittelalterliche Kunst. Die Technik der exakten Naturnachbildung befähigte die Maler, auch Symbole genauer herauszuarbeiten. Noch in den höchst naturalistisch erscheinenden Szenen liegen Symbole verborgen. Man kann die Renaissancekunst überhaupt nicht verstehen – weder die produzierenden Künstler noch das reagierende Publikum

—, wenn man diese Tatsache nicht erkennt. Der Stieglitz in der Hand des heiligen Johannes auf Raffaels Gemälde *‹Madonna mit dem Stieglitz›* ist nicht einfach ein niedlicher Vogel, er ist ein Symbol der Fruchtbarkeit: Raffael schenkte das Bildnis seinem Freund Lorenzo Nasi zur Hochzeit. Und der Stieglitz kann noch anderes bedeuten. Er kann die Seele symbolisieren oder die Auferstehung, denn eine Legende besagt, daß Christus als Kind Vögel aus Lehm zum Leben erweckt habe. Manchmal wurde der Stieglitz auch als Symbol der Passion verwendet; in diesem Zusammenhang deutet er auf eine andere Legende hin, die erzählt, wie ein kleiner Vogel herabflog und dem kreuztragenden Christus einen Dorn aus der Braue zog.

Es war durchaus üblich, daß Darstellungen der Heiligen Familie den Geist des Betrachters auf die zukünftige Leidensgeschichte lenkten — und umgekehrt. In seiner *‹Pietà›* in der Peterskirche rief Michelangelo diese Assoziation dadurch hervor, daß er den toten Christus mit einer jungen Maria kontrastierte. Ihrem Alter entsprechend könnte sie eher ein Kind in ihren Armen wiegen als einen erwachsenen Sohn auf dem Schoß halten. In Michelangelos Gemälde der Heiligen Familie hingegen ist die Geste, mit der Joseph Maria das Jesuskind herabreicht, nicht nur Ausdruck familiärer Zärtlichkeit, sondern Hinweis auf die Kreuzabnahme. Um diese Anspielung zu unterstreichen, stellte Michelangelo einen knabenhaften Bacchus, den heidnischen Gott des Weins, in den Hintergrund. Das Gemälde will damit ausdrücken, daß mystische Ekstase sich nicht vom Wein heidnischer Orgien nährt, sondern vom Wein, der Christi Blut darstellt.

Auch Leonardos Zeichnung der *‹Heiligen Anna Selbdritt›* beinhaltet mehr als eine liebliche Familienszene, wie es bei oberflächlicher Betrachtung erscheinen mag. Das Jesuskind segnet hier den heiligen Johannes. Maria blickt milde auf die beiden Knaben herab, während die heilige Anna mit erhobenem Finger warnend auf die Kreuzigung hinweist. Leonardo stellt die Jungfrau auf dem Knie der heiligen Anna sitzend dar und gibt damit zu verstehen, daß die Kirche, deren Symbol die heilige Anna ist, den gesamten Vorgang der Erlösung umschließt. In diesem Zusammenhang erinnern die Warnung und der mitfühlende Blick der heiligen Anna daran, daß der ganzen Menschheit trotz Trauer und Elend Hoffnung zuteil werden kann, wenn sie die Lehre der Kirche annimmt.

Die Lehre der Kirche bildet in vielen Fällen den eigentlichen Mittelpunkt der Symbolik. Raffaels Gemälde *‹La disputa del sacramento›* (Der Triumph der Religion) zum Beispiel veranschaulicht die Position der Kirche in einer theologischen Auseinandersetzung, die zu Raffaels Zeiten hohe Wellen schlug. Die Reformatoren John Wycliffe in England und Jan Hus in Böhmen vertraten die Ansicht, daß die Hostie und der Wein des heiligen Abendmahls im strengen Sinne nicht der Leib und das Blut Christi seien und deshalb nicht des priesterlichen Segens bedürften. Raffaels Bild jedoch, das der Vatikan in Auftrag gab, widerspricht dieser These. Die sakramentalen Zeichen stehen auf dem Altar im Mittelpunkt des Bildes; auf der einen Seite die hervorragenden Kirchenväter, deren Schriften die Bedeutung des Abendmahls im täglichen Leben behandeln; auf der anderen Seite die Theologen, die den tief inneren mystischen Sinn erörtern. Wieder weist ein erhobener Finger — diesmal gehört er einer Gestalt neben dem Altar — auf den auferstandenen Christus und faßt den Inhalt des Disputs zusammen.

**Leonardos ‹Abendmahl›.** Erst vor kurzem hat diese Geste zu einer neuen Interpretation des *‹Abendmahls›* von Leonardo geführt. Auf diesem Gemälde richtet der unmittelbar neben Christus sitzende heilige Thomas seinen Finger nach oben. In der herkömmlichen Deutung werden diese Geste und die Gebärden der anderen Apostel als Reaktion auf Christi Worte: «Einer unter Euch wird mich verraten», interpretiert. Aber Ausdruck und Gebärden der Jünger erscheinen viel glaubwürdiger, wenn wir uns vergegenwärtigen, daß Jesus kurz zuvor sagte: «Nehmet, esset; das ist mein Leib, der für Euch gegeben wird», und «Trinket . . . Das ist mein Blut des neuen Testaments». Das schließt die frühere Interpretation — das Bewußtsein des Verrats — nicht aus, da ohne Verrat keine Kreuzigung hätte geschehen können. Vielmehr stellt die Ähnlichkeit der Gesten bei Jesus und Judas, die beide ihre Hände ausstrecken, gerade diese Verbindung her. Aber die neue Deutung ordnet dieses Thema dem Wesen des Sakramentes unter — ein Gedanke, der viel tiefer und ergreifender ist.

In der theologischen Literatur jener Zeit galt es als selbstverständlich, daß jeder Bibeltext auf vierfache Weise ausgelegt werden konnte: im buchstäblichen Sinne, als Zeugnis des Sittengesetzes, als mystische Verheißung und als Schlüssel zur Erlösung. Leonardo entspricht diesem Gedanken in der Gruppierung der Jünger. Er hat sie in vier Gruppen von je drei Personen aufgeteilt. Ganz rechts eine Gruppe, die die Hände ausstreckt, um das Abendmahl zu empfangen; die verzückte Gruppe daneben erwartet die mystische Verheißung; die Gruppe zur Linken Christi sucht den buchstäblichen Sinn seiner Worte zu erfassen, die seinen Tod ankündigen; und die Gruppe ganz links drückt Zorn und Schrecken darüber aus, daß das Sittengesetz diese Forderung an ihren Meister stellt. Ein leidlich gebildeter zeitgenössischer Betrachter hätte die in diesem ersten Abendmahl enthaltenen Andeutungen außerdem mit einer geläufigen mittelalterlichen Theorie verknüpft, die aus der Antike herrührt und besagt, daß des Menschen Temperament durch die Mischung der vier «Säfte» bestimmt wird: Schleim (phlegma) bedeutet Ruhe, Blut (sanguis) Optimismus, schwarze Galle (melancholia) Schwermut und gelbe oder weiße Galle (chole) Zorn. Jede Jünger-Gruppe scheint von einem der vier Säfte beherrscht zu werden. Nur in einer Gestalt, nämlich Jesus, befinden sie sich in vollkommener Harmonie. Nur sein Körper kann vollkommener Geist sein, und nur in ihm kann der Mensch vollkommen sein.

*«Das Abendmahl» von Leonardo da Vinci (1452–1519) (Ausschnitt). Innerhalb von wenigen Jahren, zwischen 1500 und 1520, führten geniale Schöpfer die italienische Kunst auf ihren Gipfel. Mit Leonardo da Vinci begann diese stolze Entwicklung. Dieser Meister der Perspektive, der Farbe und Schattierung schuf lebensnahe Gestalten mit zerfließenden Konturen und schattenhaft weichen Zügen. Raffael teilte Leonardos Schönheitsideal und verwirklichte es mit der gleichsam geometrischen Anmut seiner Gemälde. Er verkörpert den auf Proportion bedachten Rationalismus der Hochrenaissance.*

*Giovanni Bellini hatte gegen Ende des 15. Jahrhunderts begonnen, mit Ölfarben zu experimentieren. Vorher hatte man in Italien fast ausschließlich Temperafarben, die mit Eigelb gebunden wurden, verwendet. Das Bindemittel Öl steigerte die*

So offenbart sich *‹Das Abendmahl›* nicht nur als ein Kunstwerk von edlem Naturalismus und kompositarischer Anmut und Kraft, sondern auch als Kommentar der zentralen Lehre der Kirche. Es ist ein wunderbares Gemälde und zugleich ein anschaulich dargestelltes Stück Theologie.

**Theologische Themen.** Viele Bilder der Renaissancemalerei enthalten ähnliche theologische Themen, selbst diejenigen, die auf den ersten Blick ganz diesseitig-sinnlich erscheinen. Die nackte und die bekleidete Venus in Tizians *‹Himmlische und Irdische Liebe›* zum Beispiel stellen nicht nur die beiden Formen platonischer Schönheit dar (die nackte gilt als die höhere, weil die Wahrheit ohne Hülle aufzutreten wagt), sondern auch die zwei Arten christlicher Liebe, die Gottesliebe und die Nächstenliebe, welche zusammen die höchste christliche Tugend, die Barmherzigkeit, ausmachen.

Allmählich wurde der hinter den Erscheinungen verborgene Sinn immer

*Leuchtkraft. Bellini-Schüler wie Giorgione und Tizian, schufen Gemälde, die sich durch ihre reiche Farbgebung auszeichneten. «Himmlische und irdische Liebe», ein allegorisches Bild von Tizian (1490—1576).*

komplizierter. Je überlegener die Künstler die Darstellung der Wirklichkeit meisterten, um so schwerer fiel es ihnen, sich damit zu begnügen.

**Die Medici-Kapelle.** Jahrhundertelang haben die Gelehrten über die Bedeutung der beiden Grabmäler gegrübelt, die Michelangelo für Giuliano und Lorenzo de' Medici (nicht Lorenzo den Prächtigen, sondern dessen Enkel) in der Medici-Kapelle der Kirche San Lorenzo entwarf. Die Symbolik der Kapelle selbst, die auch von Michelangelo stammt, gibt kaum noch Rätsel auf. Sie stellt die drei Sphären menschlicher Existenz dar: Himmel, Erde und Hades. Die Monumente der beiden Herzöge stehen in der mittleren, der irdischen Sphäre in Nischen über den Sarkophagen, wo ihre Seelen die göttliche Entscheidung erwarten, die sie aus dem Hades erlöst oder zum Bleiben verdammt. Die Herzöge beobachten mit seitwärts gewendetem Kopf eine Statue der Madonna mit dem Kind, die an der Wand zwischen ihnen steht. Sie hoffen auf ein Zeichen, das sie zum Himmel emporsteigen läßt, ein Eindruck, der durch einen Lichteinfall aus dem Kapellenfenster unterhalb der Kuppel erweckt wird.

Die Symbolik der Grabmäler selbst hat beinah ebenso viele Interpretationen wie Interpreten auf den Plan gerufen. In architektonischer Hinsicht ähneln sie Palastfassaden; vielleicht kann man darin eine Anspielung auf die antike Auffassung des Grabes als eines Hauses für die Toten erblicken. Sie sind mit antiken römischen Emblemen geschmückt, die den Tod und die Unsterblichkeit versinnbildlichen: Girlanden, Ölkrügen, Muscheln, Delphinen und allegorischen Masken. Giuliano hält mehrere *oboloi*, die traditionellen Charonsgroschen, in seiner linken Hand. Lorenzo stützt seinen Ellbogen auf ein Gehäuse, das mit einem Fledermauskopf verziert ist; die Fledermaus ist der Vogel des Hades. Eine Reihe blinder Türen umringt die Kapelle; es handelt sich offenbar um die Eingänge zum Hades, durch die, wie Vergil in der ‹*Aeneis*› schildert, der Eintritt leicht, die Rückkehr jedoch schwer ist. Zwei Figuren ruhen auf jedem Sarkophag: bei Lorenzo ‹*Morgendämmerung*› und ‹*Abend*›, bei Guiliano ‹*Tag*› und ‹*Nacht*›. Sie symbolisieren nicht nur die vier Tageszeiten, sondern auch die vier Flüsse des Hades, da sie den antiken römischen Flußgöttern ähneln. Die Figuren beugen sich zur Seite, damit die Toten sich aus ihren Gräbern erheben und sich ihren Denkmälern in den Nischen an der Wand ein wenig nähern können — diesen schönen, zeitlos jungen, aber wartenden Gestalten. Selbst die Zeit schleppt sich zögernd und langsam dahin: die ‹*Morgendämmerung*› erwacht voll Schmerz, der ‹*Tag*› schirmt sich gegen die Sonne ab wie gegen einen Mörder. Lorenzo und Giuliano — und auch uns, die wir sie betrachten — bleibt es überlassen, über das Schicksal der Seele nachzusinnen, die auf halbem Wege zwischen Tod und ewigem Leben schwebt.

Zuweilen muß die Symbolik der Kunst des 16. Jahrhunderts die Bemühungen selbst ihrer gelehrtesten Deuter vereitelt haben. Um die Medici-Kapelle richtig zu verstehen, hätten Michelangelos Zeitgenossen Platons ‹*Phaidon*›, den Dialog über die Unsterblichkeit, wie auch die Bibel kennen müssen. Und wer hätte ohne Vasaris persönlichen Kommentar wissen können, daß der Schimmer auf der Rüstung in seinem Bildnis des Alessandro de' Medici die Gedanken Alessandros über die Rechte seiner Untertanen widerspiegelt? Oder daß das verfallene Haus im Hintergrund des Gemäldes auf die Vertreibung der Medici hinweist? Oder daß Alessandro auf einem kreisförmigen Stuhl sitzt, weil der Kreis kein Ende hat — und auch die Herrschaft der Medici nicht enden sollte? Oder daß das Stück purpurfarbenen Stoffes auf Alessandros Knie eine Anspielung auf den ermordeten Giuliano de' Medici ist?

Im Grunde bestand im 15. und 16. Jahrhundert eine ebenso große Neigung zur Allegorie und zur Befrachtung einfacher Inhalte mit symbolischen Zeichen wie im Mittelalter. Jeder Vorgang oder Gegenstand meinte etwas

*«Der heilige Franz in Ekstase», ein um 1480 in Öl gemaltes Tafelbild von Giovanni Bellini (1430–1516). Bellini benutzte als einer der ersten Maler das Bindemittel Öl.*

anderes. Realismus, der krasse unverblümte Realismus der Gosse oder der vollgestopften Rumpelkammer behagte dem Renaissancegeschmack nicht. Die Kunst jener Zeit erscheint uns nur deshalb einfach und direkt, weil wir ihre Geheimschrift nicht wahrnehmen und sie deshalb nicht entziffern können. Eigentlich erweist sich die Stärke ihres Naturalismus gerade daran, daß sie unter der Last der symbolischen Bezüge nicht zusammenbrach – und daß wir in Leonardos und Michelangelos Bildern immer noch überzeugende Menschen in glaubhaften Situationen sehen.

# 6. Künstler der Renaissance

Das nach dem Mittelalter neuerwachende Verlangen, die Welt der Wirklichkeit in Farbe, Marmor und Bronze zu gestalten, war eines der außergewöhnlichsten Phänomene der Kunstgeschichte. Aber Hand in Hand mit diesem Ereignis vollzog sich eine beinahe ebenso wichtige und außerordentliche Entwicklung: der Wandel in der sozialen Stellung des Künstlers. Im Mittelalter waren Maler und Bildhauer Handwerker wie andere Handwerker gewesen, sie unterschieden sich im gesellschaftlichen Rang nicht von Zimmerleuten, Schustern oder Bäckern. In der Renaissance tauchte der moderne Begriff der künstlerischen Individualität, des Genies auf, das nach anderen Normen zu beurteilen ist als der gewöhnliche Mensch.

Die Verehrung der klassischen Kunst und Literatur im Humanismus bereitete dieses neue Lebensgefühl vor. Die klassische Bildung hemmte zwar die natürliche Selbstentfaltung des Künstlers, aber sie verwandelte ihn auch, indem sie ihn von einem Handwerker zu einem Gelehrten erzog. Seine Gelehrsamkeit beruhte nicht nur auf ästhetischen Theorien, sondern hauptsächlich auf der unmittelbaren Kenntnis antiker Plastiken und Bauwerke, die nirgendwo sinnfälliger in Erscheinung traten als in Rom.

Viele Künstler gingen nach Rom. Unter den ersten, die sich zu dieser Pilgerfahrt aufmachten, waren Donatello und Brunelleschi. Für Brunelleschi bedeutete diese Reise nicht zuletzt eine Flucht; er hatte gerade eine Niederlage bei der Konkurrenz um den Entwurf der Bronzetür für das Baptisterium von Florenz erlitten. «Keiner von beiden war durch Familienpflichten und häusliche Sorgen abgelenkt», schrieb der zeitgenössische Chronist Manetti, «denn beide hatten weder Frau noch Kinder.» Und mit einer vorausdeutenden Anspielung auf das bohemehafte Gebaren, das zukünftige Künstlergenies kennzeichnete, fuhr er fort: «Beide interessierten sich nicht sehr für Essen, Trinken, gutes Leben oder Kleider, vorausgesetzt, sie hatten von diesen Dingen gerade soviel, wie nötig war, um zu sehen und zu messen.»

*Leonardo da Vinci (1452–1519) verkörperte den Geist der Renaissance: Er erforschte «alles» und leistete auf fast allen Gebieten seines Wirkens Überragendes. Er befaßte sich mit so vielen Dingen, daß er, obwohl einer der größten Künstler der Epoche, kaum Zeit zum Malen fand. Als er starb, hatte er nur wenige Bilder vollendet. Sein Hauptinteresse galt der Natur, vor allem der Anatomie, Botanik, Geologie, Mechanik und Astronomie. In seinen über 5000 Seiten umfassenden Notizen arbeitete er Pläne aus, die viele technische Errungenschaften späterer Jahrhunderte in der Konzeption voraussagten – zum Beispiel Flugapparat und Unterseeboot. Eine Sammlung seiner Werke unterschrieb er stolz: «Leonardo da Vinci, Schüler des Experiments.» Links: Selbstporträt in Kreide.*

Donatello legte sich eine Sammlung antiker Münzen und Gemmen zu, aber der wertvollste Besitz, den die beiden nach Florenz zurücktrugen, war ihre Begeisterung für die Kultur, die sie entdeckt hatten. Andere Künstler folgten ihrem Beispiel und sammelten ebenfalls Kunstgegenstände, besonders Lorenzo Ghiberti, der Sieger des Wettbewerbs für die Baptisteriumstür, und desgleichen einige führende humanistische Gelehrte und Kunstförderer der Zeit. Niccolò Niccoli – der «Maler, Bildhauer und Architekten sowie Schriftsteller förderte und sich in jedem dieser Fächer gründlich auskannte» – sammelte Plastik, Münzen, Gemmen und Handschriften.

Leon Battista Alberti entwarf, ganz im Banne der römischen Architektur, das in seiner pedantischen Genauigkeit «klassischste» Bauwerk von Florenz, den Palazzo Rucellai. Aber damit begnügte sich Alberti nicht. Er identifizierte sich so stark mit dem Geist der Antike, daß er eine Komödie schreiben (und als echt ausgeben) konnte, die den Anschein erweckte, als wäre sie von einem römischen Schriftsteller verfaßt. Auf die gleiche Weise führte der junge Michelangelo mit einem «antiken» Cupido aus Marmor gelehrte Kenner an der Nase herum.

**Architektur in der Renaissance.** Am tiefsten wurden vermutlich die Architekten von der Antike beeinflußt. Die Architektur, die, nach den Worten des Gelehrten Marsilio Ficino, auf «den ewigen Wahrheiten» der Geometrie beruht, war die objektivste aller Künste. Ein Architekt der Renaissance konnte sich den Ruhm des heidnischen Roms nutzbar machen, aus den Proportionen, Konstruktionen und Details römischer Bauwerke lernen, ohne den christlichen Geist seiner Zeit zu verraten. Aber selbst dann war er selten ein bloßer Nachahmer. Es gab keine römischen Vorbilder für Kirchenfassaden und *palazzi*, und oftmals richtete er sich überhaupt nicht nach vorgefundenen Modellen. Die Renaissance zog zum Beispiel die hochaufragende Kuppel byzantinischer Bauten der flachen Kuppel des Pantheon in Rom vor. Und obwohl Brunelleschi und seine Zeitgenossen Details wie Kapitelle und Giebel genau abmaßen, gingen sie mit diesen Einzelheiten höchst freizügig um. Brunelleschis Kirchen sind unverwechselbar eigene Schöpfungen, obwohl sie der römischen Basilika und gewissen römischen Elementen, wie dem Bogen, der Säule, dem Kapitell und der Kassettierung, vieles verdanken.

Was die Bildhauer der Renaissance betrifft, so ließen sie sich von den Experimenten zeitgenössischer Maler ebensosehr beeinflussen wie von der römischen Plastik. Obgleich Nicola Pisano, der zu Giottos Zeiten wirkte, seinen naturalistischen Stil aus der römischen Skulptur bezog, entlehnten die meisten seiner Nachfolger ihren Naturalismus den Bildern Giottos. Mehr als hundert Jahre lang, von 1336, als Andrea Pisano die erste Bronzetür für das Florentiner Baptisterium schuf, bis 1452, als Ghiberti seine letzte vollendet hatte, versuchten die Bildhauer, ihren Reliefs durch Tiefenper-

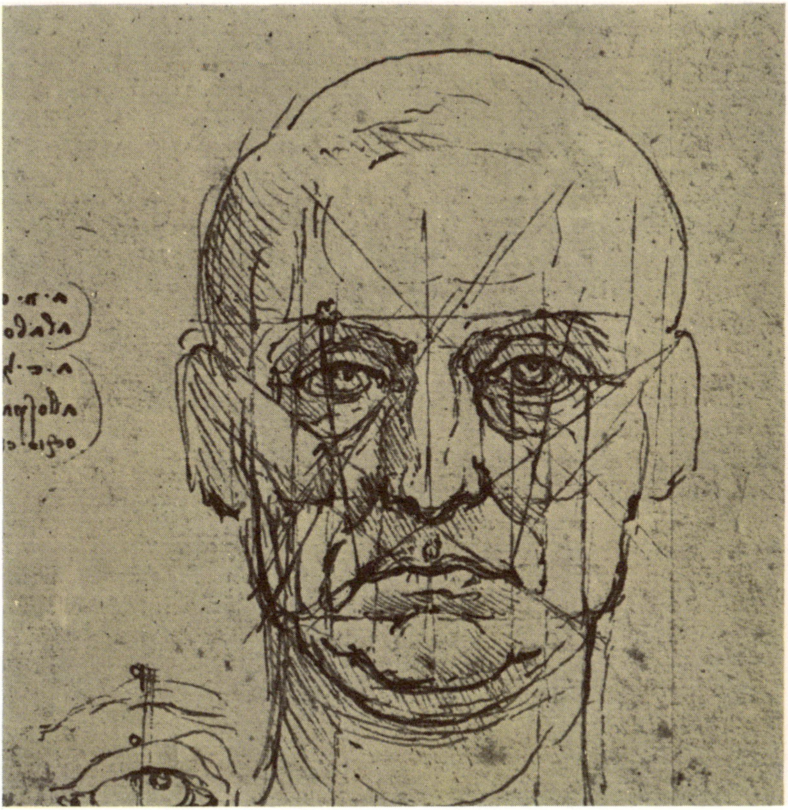

*Leonardo da Vinci war ein bahnbrechender Anatom, der mit hervorragender Zeichenkunst seine genaue Kenntnis des menschlichen Körpers auszudrücken suchte. Diese Konzentration auf das Detail führte ihn dazu, ideale Maßverhältnisse für das Zeichnen menschlicher Figuren darzulegen, wie die Proportionsstudie dieses Kopfes zeigt.*

spektive und Staffelung der Figuren den gleichen Realitätscharakter zu verleihen, den Giotto seinen Gemälden gegeben hatte.

**Bildhauerei.** Sogar Donatello, der von der römischen Plastik zutiefst fasziniert war, suchte in ihr eher thematische als formale Anregungen. Sein berühmtes Reiterdenkmal des Gattamelata in Padua lehnt sich in gewisser Hinsicht an das klassische Reiterstandbild des Marc Aurel in Rom an, wäh-

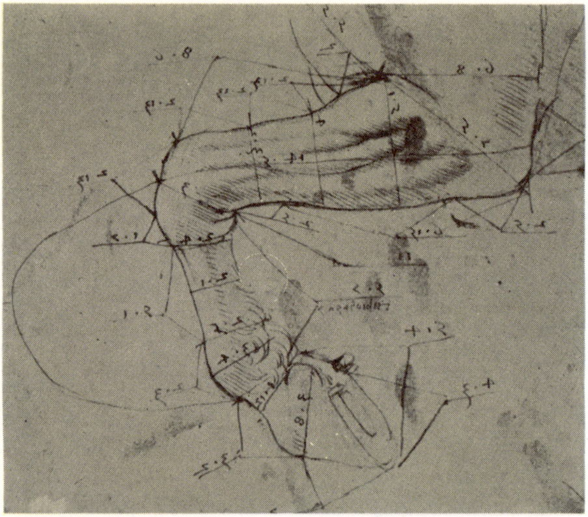

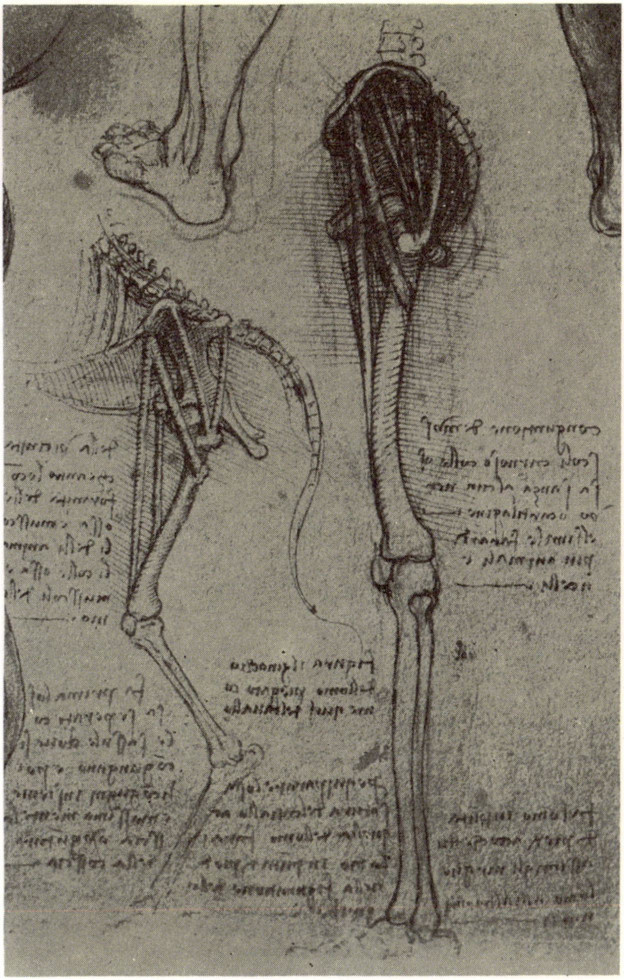

*Pflanzen und Tiere fesselten Leonardo ebenso wie die menschliche Gestalt. Die Skizzen des Pferdebeins auf der Seite gegenüber bildeten die Grundlage für die realistische Zeichnung des Pferdes darunter. Die Analyse der strukturellen Ähnlichkeit zwischen Menschenbein und Pferdebein (oben) gehört zu den ersten bekannten Arbeiten auf dem Gebiet der vergleichenden Anatomie.*

rend die gedankenvolle Innerlichkeit seiner freistehenden Gruppe *‹Judith und Holofernes›* sich weit von der klassischen Haltung entfernt. So auch seine Statue *‹Maria Magdalena›* im Florentiner Baptisterium. Obwohl Donatellos formale Meisterschaft dem Studium der Antike verpflichtet sein mag, hat die glühende Intensität seines persönlichen Stils hier alle Spuren der Leidenschaft für das klassische Altertum getilgt.

Im Grunde unterstützte der Einfluß der Antike nur eine sich bereits ankündigende Abkehr vom Mittelalter. Die Künstler hatten schon begonnen, die Welt mit neuen Augen zu sehen, und konnten die Tradition mittelalterlicher Kunst – wie großartig sie auch sein mochte – nicht mehr fortführen. Der freistehende klassische Akt konnte sich nur durchsetzen, weil die Bildhauer bereits darauf eingestellt waren, den menschlichen Körper dreidimensional zu sehen. Römische Türen und Fenster fanden Anklang bei Architekten, die auf Grund ihrer mathematischen Interessen schon den spitzen gotischen Bogen zugunsten der zweckmäßigen Geometrie des Halbkreises und des Rechtecks verworfen hatten. «Ungeachtet seiner Schwäche läßt der Spitzbogen es an der Grazie unseres Stiles fehlen, der dem Auge wohltut, weil er die Vollkommenheit eines Kreises hat», lautet ein Bericht über die Denkmäler des alten Rom. Seine Verfasser, vermutlich Castiglione und Raffael, fügen mit einer Verbeugung gegen das andere große Vorbild der Renaissancekunst hinzu: «Man möge beachten, daß die Natur selbst nach keiner anderen Form strebt.»

Der gleiche Bericht enthält eine bittere Anklage gegen die Päpste, die es zuließen, daß die Monumente des alten Rom verfielen und als Schutt in die Kalköfen wanderten: «Wie vieles von diesem neuen Rom, das wir heute sehen», fragen die Autoren Papst Leo X., «mag es auch noch so groß, so schön und mit Palästen, Kirchen und anderen Bauwerken geschmückt sein, wurde mit dem Kalk erbaut, der von antikem Marmor abstammt?» Die Vorliebe für Marmordenkmäler und überhaupt für römische Kunst und Architektur war stetig gewachsen.

Als wollten sie sich vor der Einengung durch den Realismus schützen, bemächtigten sich die Künstler eines Stils, der in seiner Harmonie, Anmut und heroischen Gesinnung geistig gehaltvoller war als das Leben. Zugleich tauchte aus dem Dunkel der Vergangenheit eine Reihe herrlicher Funde empor, die sie erregten und faszinierten.

**Vorbilder aus der Antike.** Dazu gehörten die *‹Laokoongruppe›*, ein Wunder der hellenistischen Ära, und der sogenannte *‹Torso von Belvedere›*, der Michelangelos Idealbild physischer Schönheit prägte. Raffael ließ sich von einer anderen römischen Statue, dem *‹Apoll von Belvedere›*, mindestens dreimal inspirieren: er übernahm den Kopf für das Haupt des heiligen Stephanus in der *‹Disputa›*, ein Bein für die Skizze des Adam im selben Gemälde und die Stellung der Beine für sein Bild *‹Die Sixtinische Madonna›*.

Solche Entlehnungen kommen in der Malerei der Spätrenaissance recht häufig vor. Aber den größten Malern und Bildhauern der Zeit ging es vornehmlich darum, ihren eigenen Ideen über Gott, Natur und menschliche Schönheit Ausdruck zu verleihen und nicht die Gedanken der Alten nachzuahmen. Donatellos Arbeiten bekundeten nach seinem Aufenthalt in Rom als «Schatzgräber» sogar eine gewisse Distanz zum klassischen Prinzip, und Michelangelos Figuren im *‹Jüngsten Gericht›* widersetzen sich geradezu der Anwendung starrer klassischer Formregeln. Wirklich «klassische» Statuen wurden im 16. Jahrhundert nur von drittrangigen Künstlern, und gleich zu Hunderten, für Grotten und Gärten verfertigt.

**Religiöse Kunst.** Die Kunst der Renaissance blieb in überwältigendem Maße religiöse Kunst. Das heidnische Rom und Griechenland spornten das bildnerische Gestaltungsvermögen späterer Künstler an, ohne ihre geistige Haltung zu verwandeln. Die Vorliebe der Mäzene für klassische Bücher und Gegenstände änderte nichts an ihrer Bevorzugung christlicher Themen in der Kunst. In der Plastik blieben heidnische Stoffe hauptsächlich auf kleine Bronzen und Medaillen beschränkt; in der Malerei wurden sie ins Allegorische überführt. Botticellis Gemälde *‹Minerva und der Kentaur›* (Die Weisheit besiegt die Barbarei) versinnbildlichte für das Florenz des 15. Jahrhunderts die Kühnheit Lorenzos de' Medici, der den Mut hatte, sich allein und unbewaffnet zu seinem Feind, dem König von Neapel, zu begeben, und die Klugheit, günstige Friedensbedingungen auszuhandeln. Ebenso wie man es im Mittelalter fertiggebracht hatte, Ovid zu entschärfen, indem man seine Auffassung der sinnlichen Liebe allegorisierend in die christliche Liebe zu Gott umdeutete, so interpretierte man in der Renaissance die antike Religion und Dichtung als Präfiguration der christlichen Heilswahrheiten.

Piero di Cosimo gehörte zu den wenigen Renaissancekünstlern, die neben anderen Werken auch einige Gemälde schufen, die keinerlei religiöse oder allegorische Bedeutung hatten. Seine Bilder zeigen Szenen aus dem einfachen Leben. Er war freilich eine exzentrische Einzelerscheinung. Vasari sagt von ihm: «Er schloß sich stets ein . . . wollte niemandem erlauben, ihm bei der Arbeit zuzusehen, sondern lebte das Leben eines wilden Tieres eher als das eines Menschen. Er duldete nicht, daß seine Zimmer gefegt wurden, und pflegte nur zu essen, wenn er hungrig war . . . Er gönnte sich keine bessere Nahrung als harte Eier, und um Feuerung zu sparen . . . bereitete er diese nur, wenn er ein Feuer entzündet hatte, um seinen Leim, Firnis etc. zu kochen.»

Dies Porträt des Künstlers als eines Neurotikers ist für das 15. Jahrhundert eine Seltenheit. Obgleich es außer Piero di Cosimo noch andere Sonderlinge gab – zum Beispiel Uccello, den Vasari als «einsiedlerisch, seltsam, schwermütig und arm» beschreibt –, zogen sich die Künstler im allgemeinen nicht in schöpferische Privatbezirke zurück. Die Revolution der

*Diese Steinzeitlandschaft mit Jägern, Ur- und Fabeltieren gehört zu einem Zyklus von*

Renaissancekunst hätte kaum stattfinden können, wenn Maler, Bildhauer und Architekten nicht am kulturellen Leben ihrer Epoche teilgenommen hätten, und sie hätten nicht teilnehmen können, wenn sie in einsamer Abgeschiedenheit gearbeitet hätten.

**«Vom bezahlten Handwerker zum Genie.»** Auch hätten sie nie den Mut aufbringen können, sich über die konventionelle Kunst zu erheben, wenn sie nicht begonnen hätten, sich mehr als unabhängige Genies denn als bezahlte Handwerker zu betrachten. Die Künstler des 14. Jahrhunderts – selbst ein so berühmter wie Giotto – waren Mitglieder von Handwerkszünften gewesen. Sie arbeiteten mit anderen zusammen in Werkstätten und wurden beinahe nach der Elle bezahlt. Man erwartete von ihnen, daß sie Richtlinien befolgten und ihre Ware ablieferten wie andere Handwerker. Einmal mußten sie ein Fresko anfertigen, das nächste Mal ein bemaltes Wappenschild und dann wieder eine verzierte Truhe. Einige Malerwerkstätten waren beliebter als andere, genauso wie man gewisse Goldschmiede bevorzugte; aber der Begriff oder das Wort «Genie» tauchte in Verbindung mit einzelnen Malern, Bildhauern oder Baumeistern nicht auf.

*sechs Bildern prähistorischen Lebens von Piero di Cosimo (1462–1521).*

**Sozialprestige der Künstler.** Außerhalb der Werkstatt jedoch, in den Kreisen der Gelehrten und wohlhabenden Gebildeten, wurden Theorien entwickelt, die sich mit dem Menschen in seiner Eigenschaft als Künstler befaßten. Im 15. Jahrhundert begann die Kunst aus der Anonymität der Werkstatt herauszutreten. Der Renaissancekünstler befand sich in ungefähr der gleichen Lage wie der Schauspieler des 19. Jahrhunderts: sein Beruf bereitet vornehmen Leuten Vergnügen, aber dieselben Leute wären schokkiert gewesen, hätten ihre Kinder diesen Beruf ergriffen. Michelangelos Vater, «Podestà» eines kleinen Ortes, suchte seinem Sohn den schmachvollen Wunsch auszutreiben, Bildhauer zu werden. Es bedurfte der Vermittlung Lorenzos de' Medici, um den alten Mann davon zu überzeugen, daß ein gesellschaftlicher Statusunterschied bestand zwischen einem Mann, der Statuen meißelte, und einem Mann, der Mauersteine in baugerechte Form zurechtschlug.

Vielleicht reagierte Michelangelos Vater drastischer als andere, aber es ist leicht einzusehen, weshalb ihn die Berufswahl seines Sohnes mit Sorge erfüllte. Gewiß: Alberti entstammte einer aristokratischen Familie, und Brunelleschi und Leonardo waren Söhne angesehener Notare des Mittelstandes. Aber Uccellos Vater war ein Barbier, Filippo Lippis ein Fleischer, Andrea del Castagnos ein Bauer und Botticellis ein Lohgerber. Die Familie Pollaiuolo lebte vom Geflügelhandel, der Vater von Fra Bartolommeo war Maultiertreiber, und Andrea del Sarto war, wie sein Name sagt, Sohn eines Schneiders.

Erst im 16. Jahrhundert, als Raffael, Bramante und Tizian wie Fürsten lebten und der bejahrte und hochgeehrte Michelangelo sich gleiches hätte leisten können, wenn er das einsame Elend nicht vorgezogen hätte, verdienten viele der erfolgreichsten Maler mehr als ein aufstrebender Ladenbesitzer. Manche bezogen nur einen Handwerkerlohn oder weniger, und keiner konnte seinen Beruf frei ausüben. Jeder Künstler mußte einer Zunft angehören und ihre Vorschriften befolgen. Als Brunelleschi sich 1434 weigerte, seinen Verpflichtungen gegenüber der Bauarbeiterzunft, deren Mitglied er war, nachzukommen, wurde er verhaftet und ins Gefängnis geworfen. Nur dank der intensiven Bemühungen der Dombehörde, für die er damals arbeitete, wurde er auf freien Fuß gesetzt.

Um 1430 hatte bereits ein einzelner Künstler den Versuch unternommen, diesen niedrigen sozialen Status aufzuwerten, indem er die Würde seines Berufes hervorhob. In seinem ‹*Buch über die Kunst*› rief Cennino Cennini die zeitgenössischen Maler auf, sich um Ansehen und gesellschaftlichen Aufstieg zu bemühen, und erklärte genau die einzelnen Schritte, die zu diesem Ziel hinführen: «Euer Leben soll stets so geregelt sein, als würdet Ihr Theologie, Philosophie oder andere Wissenschaften studieren, das heißt: esset und trinket mäßig mindestens zwei Mal am Tag, nehmt leichte, nahrhafte Kost und leichte Weine zu Euch. Es ist da noch eine andere Regel, die, wenn Ihr sie befolget, Eure Hand so leicht macht, daß sie schwebt, gar fliegt wie ein Blatt im Winde, und das ist: genießet die Gesellschaft der Frauen nicht im Übermaß.»

Zu dieser Zeit waren auch die klassischen Schriften des Plinius und Vitruvius im Umlauf. Durch sie erfuhren die Künstler, daß ihre Vorgänger im alten Rom großes Ansehen genossen und einen hohen Bildungsstand aufweisen mußten. Vitruvius verlangte zum Beispiel vom Architekten ein ebenso hohes Kulturniveau wie Cicero vom Redner. Die Renaissancekünstler richteten sich nach diesen Vorbildern und begannen, ebenso «gute Denker zu werden wie Bildner». Und ihre Gönner, deren künstlerische Ansprüche sich ebenfalls verfeinert hatten und die daher ihre Aufträge vorzugsweise an intellektuell Gebildete vergaben, trugen durch dieses Auswahlprinzip dazu bei, daß dem Künstler ein höheres Prestige zuerkannt wurde als dem Handwerker.

«Ich habe stets danach getrachtet ... die Wege der Natur zu erforschen, zu entdecken, wie Bilder ersonnen werden, wie der Gesichtssinn arbeitet und in welcher Weise die Gesetze der Malerei und Skulptur bestimmt werden können», schrieb Ghiberti in seiner Autobiographie. Seit Cennini waren

Bestrebungen im Gang, die Ausübung der Malerei, Plastik und Architektur mit der Ausübung etwa der Poesie und der Mathematik zu verknüpfen – sie sowohl als freie Künstler wie als Handwerkskünste zu betrachten. Da die Disziplinen der Poesie und Mathematik von einer theoretischen Grundlage ausgingen, sollte auch die Kunst wie eine Wissenschaft über ein System verbindlicher Lehren verfügen: «Diejenigen, die sich in die Praxis ohne Wissenschaft verlieben», schrieb Leonardo, «sind wie der Seemann, der ohne Steuer und Kompaß das Schiff besteigt und also nie Gewißheit besitzt, wohin es geht. Immer muß die Praxis auf gute Theorie gebaut sein.»

**Maler kontra Bildhauer.** Um die Wende des 16. Jahrhunderts hatte der Künstler seinen Anspruch auf Sozialprestige durchgesetzt. Nun brach jedoch ein Kampf innerhalb dieses Standes aus. Maler und Bildhauer stritten sich um ihre gesellschaftliche Vorrangstellung. Leonardo gab den Malern die Siegespalme, weil sie bequem und gelassen wie Herren arbeiten konnten, während die Bildhauer im Schweiße ihres Angesichts den Stein behauen und sich wie Grobschmiede abmühen mußten.

Kaum waren Malerei, Bildhauerkunst und Architektur als vornehme Berufe anerkannt, verband sich mit ihnen die Vorstellung vornehmen Lebensstils, den Castiglione so überzeugend dargestellt hatte. Ein wahrer Herr, so hatte Castiglione in seinem ‹*Hofmann*› gesagt, solle von seiner Gelehrsamkeit ungezwungen und gefällig Gebrauch machen. Diese Auffassung färbte Vasaris Ansicht über die Künstler seiner Zeit. Er legte besonderen Wert auf ihre Schnelligkeit und Gewandtheit. So behauptete er, ein großer Gewinn der technischen Experimente des 14. und 15. Jahrhunderts läge darin, daß der geschickte Künstler nun «einen Grad der Vollkommenheit erreicht habe, der es ihm möglich macht ... sechs Bilder in einem Jahr zu fertigen, wohingegen vormals jene früheren Meister unserer Kunst nur ein Bild in sechs Jahren ausführen konnten». Vasari äußerte sich auch über Leonardos langsame Arbeitsweise und war überaus stolz auf seine enorme eigene Produktion. Er brüstete sich, den großen Saal der Cancelleria in Rom in genau 100 Tagen ausgemalt zu haben. («Das sieht man!» bemerkte Michelangelo spöttisch.)

Kein Bildhauer konnte derart schnell arbeiten, selbst wenn ihm eine Schar von Gehilfen zur Verfügung stand. Auch konnte er wegen des mit seiner Tätigkeit verbundenen Lärms nicht bei Musik arbeiten wie Leonardo, der sich beim Malen der ‹*Mona Lisa*› vorspielen ließ.

Der Bildhauer Benvenuto Cellini, den diese Unterlegenheit ärgerte, wies darauf hin, daß Ciceros idealer Redner eine Meisterschaft in vielen Fertigkeiten besitzen mußte, um seine Auftraggeber würdig vertreten zu können; so auch müßte der Bildhauer über Krieg, Musik und Rhetorik Bescheid wissen, wenn er einen Soldaten, einen Musiker oder einen Staatsmann porträtieren wolle. Sein Zeitgenosse und Rivale Baccio Bandinelli versuchte,

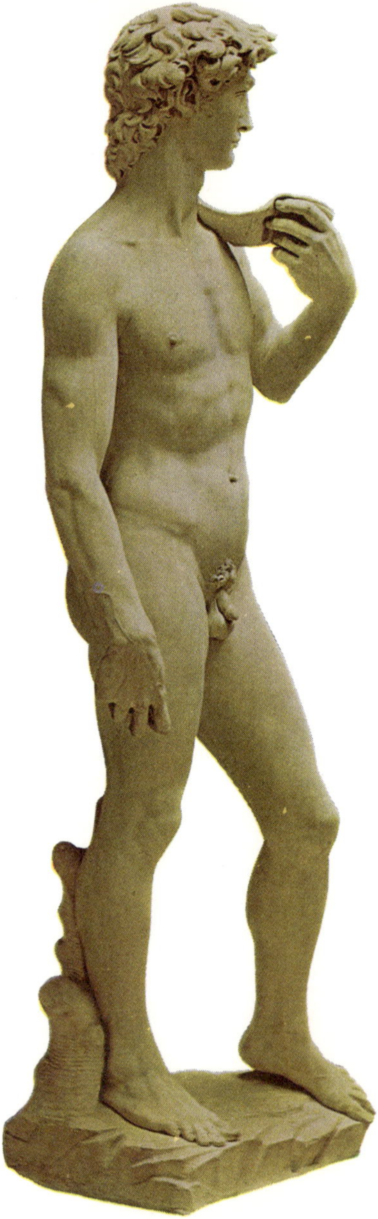

seine «zweitrangige» Stellung zu überspielen, indem er seine Werkstatt nach dem Muster gelehrter Gesellschaften als Akademie bezeichnete.

**Malerei in der Rangordnung der Wissenschaft.** Diese Rivalität unter den Künstlern förderte trotz persönlicher Minderwertigkeitsgefühle einzelner das Prestige der Künste im ganzen. Der Aufwertungsprozeß erreichte eine Art Höhepunkt, als der Maler Federico Zuccari 1607 eine Abhandlung veröffentlichte, in der er *disegno* (Zeichnen) in der Rangordnung der Wissenschaften gleich nach der Theologie einstufte und das Wort *disegno* aus dem Begriff *segno di Dio*, Zeichen Gottes, ableitete. Hinter diesem Anspruch steht der Geniegedanke: der Künstler vollbringt im schöpferischen Akt eine göttliche Tätigkeit. Leonardo drückte diese Idee unmittelbar aus: «Die göttliche Gabe des wissenden Malers erhebt seinen Geist zum Ebenbild von Gottes Geist, weil er sich nämlich mit freier Macht aufschwingt, mannigfaltige Gestalten hervorzubringen, von verschiedenen Tieren, Pflanzen, Früchten, Orten und Ländern, zerklüfteten Bergen, unheimlichen, schrecklichen Landschaften.»

Aber die Kunst konnte erst dann als schöpferisches Tun erfahren werden — was uns heute selbstverständlich erscheint —, als die Maler gelernt hatten, die Technik der Naturnachahmung zu meistern. Hatte ein begabter Maler dieses Ziel erreicht, fühlte er sich angespornt, weiterzugehen, die sinnlich gegebene Wirklichkeit zu verändern und dadurch etwas Nochniedagewesenes zu erschaffen.

An diesem Punkt erst wurde die Gottähnlichkeit des Künstlers offenbar, und es ist sicherlich kein Zufall, daß Leonardo einer der ersten war, der dies erkannte. Rastloser als irgendein anderer Künstler seiner Zeit hat er sich bemüht, Bewegungsabläufe festzuhalten und in Form zu verwandeln: das Schwingen eines Vogelflügels, die Strömung in einem Becken beim Aufprall eines Wasserfalles.

**Das Mäntelchen der Bohème.** Sobald die Künstler sich ihrer schöpferischen Funktion bewußt wurden, sahen sie sich auch als Geschöpfe, die vom göttlichen Wahnsinn ergriffen waren, ausersehen, als heroische und exzentrische Einzelgänger jenseits der Gesellschaft zu leben. Um die Mitte des 16. Jahrhunderts war von der Vorstellung des Künstlers als eines mehr oder weniger anonymen Handwerkers kaum etwas übriggeblieben. Es gab Maler, wie zum Beispiel Vasari, die geadelt wurden, und es konnte gesche-

*Links: Die Bronzestatue von Cellini (1500–1571) zeigt Perseus mit dem Haupt der Medusa. Obwohl Cellini sich enger an die Natur hielt als die meisten Manieristen, bezeichnete der alternde Michelangelo (1475–1564) seine Werke spöttisch als «Tabaksdosen-Ornamente». Rechts: Michelangelos Statue des kampfbereiten David strömt gebändigte Kraft aus.*

hen, daß sich Monarchen bückten, um einen Pinsel aufzuheben, wie es von Kaiser Karl V. und Tizian erzählt wird. Seit der Renaissance haben die Künstler das Vorrecht erworben, Konventionen zu ignorieren, eine Tradition, die kleinere Talente seither gern benutzen, um ihr geringes Können unter dem fadenscheinigen Mäntelchen der Bohème zu verbergen.

**Sieg der Kunst über das Handwerk.** Als Cosimo de' Medici Anfang 1560 der Bildung einer Künstlerakademie, die alle Künste umfassen sollte, zustimmte, war die alte Zunftordnung so gut wie tot. Künstler galten fortan nicht mehr als Werkleute. Sie bildeten nun eine elitäre Bruderschaft, die von dem gewaltigen Michelangelo und von Cosimo selbst angeführt wurde. Der Akademie gehörten einige der berühmtesten Künstler der Zeit an: Cellini, Tizian, Tintoretto und Salviati. Der Letztgenannte liebte, wie Vasari berichtet, «den Umgang mit gelehrten Männern und großen Persönlichkeiten und ... verabscheute zutiefst die plebejischen Handwerker». Wahrlich ein Herr.

Abgesehen davon, daß die Akademie das Standesbewußtsein ihrer Mitglieder stärkte — und das ist nicht spöttisch gemeint, denn der Künstler brauchte das stolze Gefühl der Unabhängigkeit, um Gönner von der Notwendigkeit seiner Experimente überzeugen zu können —, erreichte sie sehr wenig. Immerhin repräsentierte sie eine Einstellung zur Kunst, die sogar Vorstudien und unvollendete Statuen, wie Michelangelos ‹*Sklaven*›, der Bewahrung würdig erachtete, weil sich in ihnen noch Funken des schöpferischen Feuers offenbarten. 1574 errichtete sie im Gedenken an Michelangelos Tod ein grandioses Grabmal, in dem sich die Verehrung für den großen Menschen mit dem Lob der drei Künste verband, die er durch sein Genie begnadet hatte: Architektur, Malerei und Plastik.

Diese herrliche Grabstätte ist nicht allein ein Denkmal für den Schöpfer des ‹*David*›, den Maler der Decke der Sixtinischen Kapelle und den Architekten der Biblioteca Laurenziana in Florenz. Sie ist ein Denkmal für den Sieg der Kunst über das Handwerk und den Handwerkergeist.

Obgleich beinah alle bisher genannten Künstler aus Florenz stammten, hatte diese Stadt nicht das Begabungsmonopol. Die Werke des Duccio di Buoninsegna und der Brüder Pietro und Ambrogio Lorenzetti aus Siena beispielsweise konnten sich mit denen ihres Florentiner Zeitgenossen Giotto durchaus messen. Aber Florenz hatte eine besondere Bedeutung. Es verfügte über eine ungewöhnlich große Zahl genialer Künstler, und ihre Schöpfungen lieferten geringeren Malern das Thema für Variationen, die dem, was sie selbst hätten hervorbringen können, an künstlerischem Rang gewöhnlich weit überlegen waren.

**Venedig blieb konservativ.** Nur eine Stadt, nämlich Venedig, widerstand dem stilistischen Einfluß der florentinischen Maler. Obwohl viele

*«Der Leichnam Christi», ein Bild von Mantegna (1431–1506), war vor allem als Übung in der Technik der perspektivischen Verkürzung gemalt.*

Florentiner hier arbeiteten – unter ihnen Ghiberti, Uccello, Alberti und Andrea del Castagno –, konnten sie die vorsichtigen Venezianer nicht von ihrem eigenen, gotische und byzantinische Elemente verschmelzenden Stil abbringen.

Auch in der Architektur blieb Venedig konservativ. Die kompliziert gegliederte und reich inkrustierte Fassade der Ca' d'Oro am Canale Grande wurde ungefähr zur selben Zeit fertiggestellt, da Alberti in Florenz den Bau seines klassisch strengen Palazzo Rucellai entwarf. Venedigs erste klassische Kirche, San Michele auf der gleichnamigen Insel, wurde zwischen 1469 und 1479 von Moro Coducci gebaut. Der erste klassische Palast der Stadt, der Palazzo Vendramin, entstand erst um 1481. In Venedigs Nachbarstadt Padua malte Andrea Mantegna einen Freskenzyklus, der eine leidenschaftliche Hingabe an die Antike und die neuentdeckte Perspektive bekundete, aber die besonnenen venezianischen Mäzene zeigten sich uninteressiert. Wie echte Händler wollten sie kein Erzeugnis kaufen, das seinen Wert noch nicht bewiesen hatte.

Infolgedessen verschlossen sich sogar die mit der toskanischen Kunst ver-

*Die Kuppel der Peterskirche, die Michelangelo entworfen hat, erhebt sich über Säulenpaaren von etwa 15 Meter Länge zu einer Gesamthöhe von 137 Metern.*

trauten venezianischen Maler weitgehend ihrem Einfluß. Jacopo Bellini experimentierte mit dem toskanischen Stil in seinen Zeichnungen, seine Gemälde jedoch blieben hübsch und heiter und stellten keine intellektuellen Ansprüche an den Betrachter. Erst in Jacopos Sohn Giovanni (1430–1560) gewann Venedig einen Maler, der es wagte, sich die moderne, reife florentinische Formensprache zu eigen zu machen, ohne seine sanfte und andächtige Art dabei aufzugeben. Von nun an verband sich allmählich der florentinische Stil mit den künstlerischen Elementen, durch die sich die Venezianer seit jeher ausgezeichnet hatten: glühende Farben, prunkvolle Themen und tiefe psychologische Durchdringung des Stoffes.

Dieser Verschmelzungsprozeß erreichte erst im 16. Jahrhundert mit den Werken von Giorgione (1478–1510), Verones (1528–1588) und Tizian (1476–1576) seinen Höhepunkt.

**Rom.** Bald nach 1500 trat Florenz seine künstlerische Vorrangstellung an Rom ab. Das Prestige des Vatikans und seine enormen Bauprojekte, so der Neubau der Peterskirche, zogen Künstler vom Range Raffaels und Michelangelos und Architekten wie den großen Bramante aus Mailand an.

Obgleich einige Maler wie zum Beispiel die Florentiner Fra Bartolommeo und Andrea del Sarto hauptsächlich in ihrer Vaterstadt arbeiteten und so die heimischen Kunsttraditionen fortführten, boten sich jetzt in Rom die glänzendsten Möglichkeiten und der anregendste Wettstreit der Kräfte. Rom besaß überdies in Papst Julius II. (1443–1513) einen der klügsten und mächtigsten Gönner der Künste, den die Welt je gekannt hat. Das Interesse

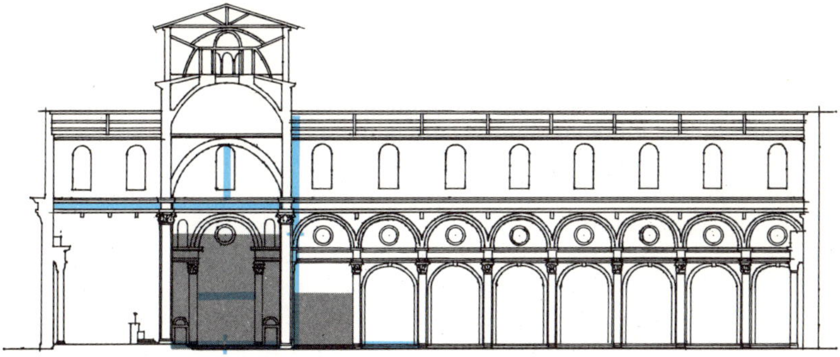

*Um «harmonische Maße» ging es den Renaissancearchitekten. Sie bezogen die Dimensionen jedes größeren Gebäudeteils auf ein Einheitsmaß (Modul). In der von Brunelleschi entworfenen Kirche San Lorenzo in Florenz (oben) ist eine Seite des großen grauen Quadrats das maßgebende Bauelement. Sie ist doppelt so breit wie eine Einheit des Seitenschiffes (kleines Quadrat) und hat die halbe Länge der Bauhöhe. Michelangelo benutzte später kompliziertere Proportionen. In einem Plan für die Peterskirche (unten), der nie ausgeführt wurde, verwendete er einen einzigen Modul (dicke blaue Balken) für die Ausmaße des Baues und die Höhe der Säulen und Kuppeln. Die Maßeinheiten in der Vertikalen stehen im Verhältnis 3:2:1, wie die Grauflächen zeigen; die Seite der größten Einheit hat eine Länge von zwei Moduln. Der Umriß des Baus läßt sich durch ein gleichseitiges Dreieck umschreiben, eine geometrische Figur von vollkommener Symmetrie.*

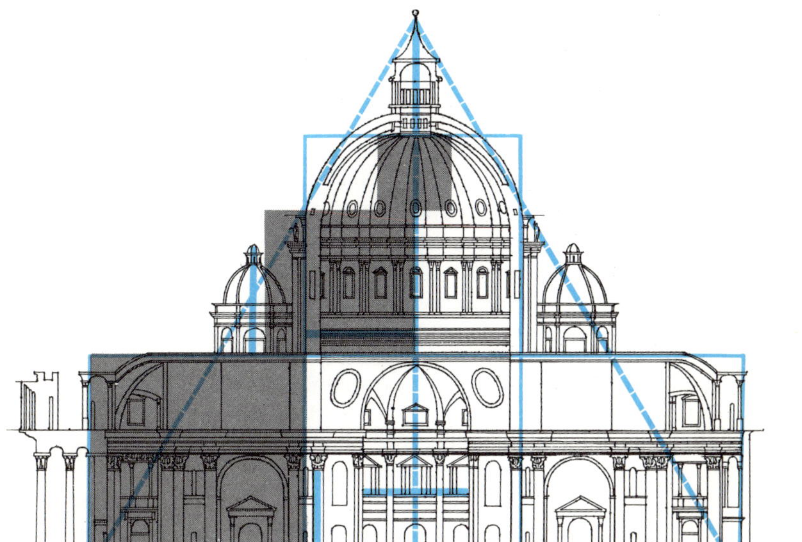

des Papstes galt nicht nur der Theologie, sondern ebensosehr der Antike, und seine Aufträge spornten die Künstler zu höchsten Leistungen an.

**Raffael.** Raffaels Werdegang zeigt, welche Wandlungen ein Stil in der Atmosphäre des Vatikans durchmachen konnte. Seine Laufbahn begann, als er seinen Geburtsort Urbino verließ und in die Werkstatt des Pietro Perugino eintrat.

Raffael (1483–1520) übernahm bald die Malweise seines Lehrers: sanft und bescheiden, aber mit einem bemerkenswerten Geschick im Erfassen der Perspektive. Während eines Aufenthalts in Florenz empfing er überwältigende Eindrücke von der Größe Masaccios und dem Genie Leonardos und Michelangelos. Schließlich trat er als ein Maler von gelassen-heiterer, doch durchdringender Gestaltungsgabe und erstaunlicher Virtuosität hervor, dessen Linienführung sanft wie Schmeichelei oder scharf wie ein Peitschenhieb wirken konnte.

1509 ging Raffael dann im Alter von 26 Jahren nach Rom, um für Julius II. zu arbeiten. Zuerst malte er die Stanza della Segnatura, einen Raum des Vatikans, mit Fresken aus. Das Thema dieser Fresken, das wahrscheinlich von den humanistischen Beratern des Papstes gestellt worden war, erwies sich als äußerst kompliziert. Es gelang Raffael jedoch, einen Zyklus von Wandgemälden zu schaffen, der sowohl als gemalte Enzyklopädie des Humanismus wie als Apotheose des klassischen Stils bezeichnet worden ist. Wollte man überhaupt ein Gemälde aussuchen, das die künstlerische Vollkommenheit und die intellektuelle Selbstgewißheit der Renaissancekunst repräsentiert, so würde die Wahl sicherlich auf das Fresko *‹Die Schule von Athen›* fallen, das sich in diesem Raum befindet.

*Die ‹Schule von Athen›* hat die Versöhnung der zwei wichtigsten philosophischen Systeme des Humanismus zum Thema, die mystische Philosophie Platons und die praktische des Aristoteles. Das Gemälde findet sein theologisches Gegenstück in dem Fresko *‹La disputa del sacramento›* an der gegenüberliegenden Wand. Die Fresken an den beiden anderen Wänden stellen die anderen beiden großen Errungenschaften des menschlichen Geistes dar: die Poesie und das Recht. Die vier Kompositionen, die als Illustration des gesamten Umfangs geistlicher und weltlicher Gelehrsamkeit angelegt sind, erbringen zusammen den Beweis für die Überlegenheit der Kunst.

Nach Vollendung der ersten Stanze wurde Raffael die Ausmalung eines zweiten Raumes übertragen, der anschließend den Namen Stanza d'Eliodoro erhielt. Die Aufgabe war auch hier allegorischer Natur. Im Gegensatz zu

*«Die Madonna mit dem Jesuskind und dem kleinen Johannes», ein Bild, das Raffael (1483–1520) mit 24 Jahren malte, zeigt die Figuren in pyramidenförmiger Anordnung – eine Kompositionsform, die Raffael von Leonardo da Vinci übernahm.*

den Fresken des ersten Raumes sollten die Wandmalereien in der zweiten Stanze jedoch nicht imaginäre Versammlungen großer Männer darstellen, sondern tatsächliche historische Ereignisse, die allegorisch auf allgemein bekannte kirchliche Begebenheiten verwiesen.

So wurde der Sieg des Papstes Julius II. über die starke französische Armee in einem Ereignis veranschaulicht, das der damaligen Ansicht nach tausend Jahre früher stattgefunden hatte: Papst Leo I. gebietet auf übernatürliche Weise dem auf Rom vordringenden mächtigen Hunnenheer unter Führung ihres Königs Attila Einhalt.

In dieser Stanze, die an Stelle statischer Schilderung lebhaft bewegte Szenen enthält, erreicht Raffaels Stil einen den dramatischen Themen angemessenen stürmischen Schwung. Es besteht ein scharfer Kontrast zwischen der ernsten, gelassenen Darstellung der «guten» Charaktere und der unruhigen, jähen, die Anatomie verzerrenden Zeichnung der «schlechten». Hier kündigt sich bereits die Sprache des Manierismus an, des disharmonischen künstelnden Stils, der das Ende der Renaissancemalerei bezeichnet. Nach Raffaels Tod im Jahre 1520 trat dieser Stil deutlich hervor. Raffaels letztes Bild, *‹Die Verklärung Christi›*, zeigt schon die spiralförmig gewundenen Gestalten, die hektischen Gebärden und die inbrünstige Intensität des reifen Manierismus. Verglichen mit seinen sanften Madonnen wirkt es wie ein Wirbelsturm. Raffael war erst 37, als er starb (an «zu vielen Frauen», bemerkte ein grämlicher Zeitgenosse); doch schuf er wohl mehr große Kunstwerke und verfügte über einen größeren Ausdrucksreichtum als irgendein anderer Maler der Geschichte.

**Manierismus.** Der Manierismus, Raffaels letzte Stilphase, war nicht eigentlich seine Erfindung. Schon 1502 offenbarte das Werk des Florentiner Malers Filippino Lippi Spuren einer antiharmonischen und exzentrischen Haltung. (Filippino war der Sohn des bekannteren Fra Filippo Lippi, des malenden Karmelitermönches, der eine Nonne entführte und heiratete.) In der Kirche Santa Maria Novella in Florenz befindet sich ein Fresko von Filippino, das bereits viele Merkmale des manieristischen Stils aufweist.

Die Darstellung ist ebenso bizarr wie der Vorwurf: er behandelt die Rolle, die der heilige Philipp beim unbeabsichtigten Tode eines heidnischen Königssohnes spielte. Nach der Legende lockte Philipp ein verheerendes Ungeheuer aus dem Tempel des Mars hervor, um es zu vernichten. Als das

*Mit dem Ausklingen der Hochrenaissance entstand der Manierismus. Die manieristischen Maler wandten sich von der Natur und dem klassischen Ideal ab und dramatisierten das seelische Geschehen. Pontormo (1494–1556) verzerrte die Anatomie seiner Figuren und ersetzte den objektiven Raum durch einen subjektiven Empfindungsraum. «Die Kreuzabnahme», um 1528 von Pontormo gemalt, schwelgt in künstlichen Posen und unnatürlichen Farben. Die gewundenen Körper passen sich dem Bildformat an.*

Ungeheuer von seinem Lager emporkroch, blies sein grauenhafter Gestank dem Königssohn das Lebenslicht aus.

Wie Raffael in seiner ‹*Schule von Athen*› verwendete Filippino für den Hintergrund seines Freskos einen klassischen Architekturprospekt. Anders als Raffael erzeugte er mit diesem Mittel nicht einen durchsichtigen, idealisierten Bildraum, sondern eine sonderbar erregte, unruhige und beängstigende Atmosphäre. Trophäen und Vasen durchstechen förmlich die Luft und setzen schroffe Akzente. Die abgebildeten Ruinen sind nicht feierlichwürdevoll und ärchäologisch überzeugend gezeichnet, sondern drücken eine phantastische Zerrissenheit aus.

Das Aufbegehren gegen die vernunftgemäße Kunst erhielt neuen Auftrieb, als der Florentiner Maler Giovanni Rosso 1516 das Wagnis unternahm, mit dem Realismus optische Täuschungen zu erzielen. Rosso arbeitete ein Fresko für die Kirche Santissima Annunziata in Florenz, in welchem das Gewand einer Figur über den Bildrand herabzuhängen scheint. Später wandten sich Rosso und sein Florentiner Zeitgenosse Jacopo da Pontormo sowie zwei andere Maler, Domenico Beccafumi in Siena und Francesco Mazzola – bekannt als il Parmigianino – in Parma, vom klassischen Stil ab, um sich einer subjektiven und eigentlich recht irrationalen Malweise zu widmen.

Dieser Umschwung hatte zum Teil gesellschaftliche Gründe. Wie die früheren Maler, die sich unter dem Druck verhängnisvoller Ereignisse – hauptsächlich der Pest – von Giottos Realismus abgekehrt und dem mittelalterlichen Symbolismus zugewandt hatten, so zogen sich auch die manieristischen Maler, bedrängt von äußeren Vorgängen, in eine Innenwelt zurück. Furcht und Unruhe schienen ihnen unvereinbar mit einer geordneten, harmonischen Kunst. Die Wendung zum manieristischen Stil vollzog sich im Zusammenhang mit den französischen und spanischen Invasionen, die seit Ende des 15. Jahrhunderts nacheinander über Italien hereinbrachen.

Natürlich läßt sich der Manierismus nicht allein aus diesen äußeren, das soziale Leben verändernden Einwirkungen erklären. Vor allem war er niemals ein einheitlicher Stil und kann schon deshalb nicht nur aus äußeren Ursachen herrühren. Gewisse manieristische Züge ergaben sich aus der Individualität des Künstlers. Er hatte sich als unabhängiger Mensch erfahren und dabei sein Selbstbewußtsein entdeckt. Er begehrte auf gegen einen Stil, der ihm, wie es schien, keine Möglichkeit zur Weiterentwicklung bot. Italien hatte der Welt mit dem Ideal der Klassik eine künstlerische Norm gesetzt – nun bescherte es ihr einen anderen Maßstab, den antiklassischen. Zwischen diesen beiden Extremen, dem Objektiven und dem Subjektiven, hat sich seither die gesamte Kunst und mit ihr die Kunstkritik bewegt.

Hat die Gesellschaft diese sich über 200 Jahre hinziehenden Experimente und Veränderungen, die sie selbst hervorrief, begrüßt? Oder hat sie den Künstler als einen besessenen Phantasten und Sonderling betrachtet? Offenbar nicht.

Giotto wurde nicht nur von dem kleinen Kreis vorausschauender Männer verehrt, die ihm Aufträge gaben, sondern vermutlich auch von der riesigen Gemeinde derer, die die von ihm ausgemalten Kirchen besuchten. Donatellos *‹Judith und Holofernes›*, Michelangelos *‹David›* und Cellinis *‹Perseus›* wirkten alle revolutionierend, und alle diese Werke boten sich in der kritischsten Stadt Italiens der öffentlichen Betrachtung dar; aber es gibt kaum einen Bericht über eine Besudelung oder Verstümmelung von Statuen in der Renaissance.

Ist der Grund dafür vielleicht in einer Gleichgültigkeit gegenüber der Kunst zu suchen? Oder verlangten die Menschen nach einer Kunst, die statt der Ewigkeit die sichtbare Welt feierte, die in dem Hier und Jetzt des täglichen Lebens wurzelte, statt in einer mystischen Vision?

Gewiß trifft letzteres zu. Obgleich für die Zeit bis zum 16. Jahrhundert erstaunlich wenig Belege existieren, die ein persönliches Echo auf die Kunst verzeichnen, fast keine Bücher oder Briefe, die individuelle Urteile enthalten, ist uns eine Fülle von Zeugnissen für das lebhafte Interesse der Allgemeinheit am Kirchenbau und an Denkmalsenthüllungen überliefert. In gewisser Hinsicht hat die Renaissancekunst durch ihren Bruch mit der Tradition an der langersehnten Befreiung des Menschen aus der Zwangsjacke des mittelalterlichen Ordnungssystems mitgewirkt.

# 7. Krieg und Politik

Obschon es den Historikern im allgemeinen widerstrebt, ein bestimmtes Jahr als dramatischen Wendepunkt in der Geschichte eines Volkes zu betrachten, sehen viele Nationen ein einzelnes Ereignis – für die Franzosen ist es das Jahr 1789 (Beginn der Französischen Revolution), für die Vereinigten Staaten 1776 (Unabhängigkeitserklärung vom 4. Juni) – als den entscheidenden Einschnitt in der nationalen Entwicklung an.

Für die Italiener der ausgehenden Renaissance schlug die Schicksalsstunde im Jahre 1494 mit dem Einmarsch eines französischen Heeres unter König Karl VIII. (1470–1498). Während der nächsten zwei Generationen war Italien ein Schlachtfeld, und als sich der Rauch verzogen hatte, schien der Ruhm der Halbinsel erloschen – von einigen künstlerischen Höhepunkten abgesehen. Franzosen, Spanier, Deutsche und Schweizer hatten die italienischen Armeen geschlagen und eine Stadt nach der anderen gestürmt. Selbst Rom war geplündert worden. Sie waren in die abgeschlossene, stille Welt des 15. Jahrhunderts eingebrochen und hatten die Schatzkammer ausgeraubt. Die stolze, vornehme Stimme der italienischen Freiheit wurde von Befehlen niedergeschrien, die von jenseits der Alpen herüberschallten. Die Italiener, tief verletzt in ihrer Ehre und ihres Wohlstandes beraubt, sahen den Sommer des Jahres 1494 – kurz danach, im September, waren die Franzosen in die Lombardei eingedrungen – als das Ende ihres Goldenen Zeitalters an.

Zeitgenössische Historiker bezeichneten das Jahr 1494 einmütig als die Schicksalswende. Der mailändische Geschichtsschreiber Corio schrieb, daß vorher «jeder glaubte, der Friede sei für immer gekommen; alle trachteten danach, reich zu werden, und alle Wege standen ihnen offen. Feste und Belustigungen behaupteten das Feld; die Welt schien sicherer als jemals zuvor.»

Francesco Guicciardini erwähnte in seiner *‹Geschichte von Florenz›* (1509) «jene glücklichen Zeiten vor 94». Eine Generation später, nachdem sich die Lage noch verschlimmert hatte, steigerte Guicciardini diesen wehmütigen Hinweis auf bessere Zeiten zu einem bitteren Klagelied. In seiner *‹Geschichte Italiens›* (1536–1540) schrieb er: «Italiens Unglück begann . . . zum größten Kummer und Schrecken aller Menschen zu einer Zeit, da die Umstände allgemein höchst vorteilhaft und günstig schienen . . . Italien

*Florentinische Reiter in farbenprächtigen Rüstungen kämpfen auf diesem Bild von Uccello (1397–1475) in der Schlacht von 1432 gegen Siena. Trotz ihrer ritterlichen Aufmachung waren die Soldaten der Renaissance im allgemeinen schlecht bezahlte Söldner.*

hatte noch nie eine solche Blüte oder einen so wünschenswerten Zustand gekannt wie den, welchen es in aller Gelassenheit im Jahre Unseres Herrn 1490 und in den Jahren unmittelbar vorher und nachher genoß.»

Diese Beispiele ließen sich vermehren. Für die Geschichtsschreiber des ganzen Landes und die Chronisten einzelner Städte war 1494 «das unglückseligste Jahr». Nur in Venedig, das erst 1509 erobert wurde, konnten die Menschen an das Jahr 1494 ohne Gram zurückdenken.

Warum wirkte sich die französische Invasion so katastrophal aus? Wie kam es dazu? Und wie sahen die Folgen aus?

Nicht allein, daß die französischen Truppen in die Lombardei eindrangen und Florenz und den Papst so in Schrecken versetzten, daß diese den Heereszug nach Süden noch unterstützten; nicht allein, daß sie Neapel eroberten, dort Garnisonen zurückließen, wieder durch die ganze Halbinsel nach Norden zogen und ein Jahr später heimwärts marschierten.

Alles dies war zwar sensationell genug und für die Italiener zutiefst erniedrigend, aber noch keine eigentliche Katastrophe. Schließlich war Italien schon vorher überfallen worden. Die meisten Italiener glaubten trotz ihrer großen Besorgnis über die Ereignisse der Jahre 1494–1495, daß die Gefahr mit dem Abzug der Franzosen gebannt sei. Mit einem Fatalismus ohnegleichen gingen sie wieder ihren Geschäften nach. Aber sie irrten sich. 1499 rückten die Franzosen wieder in die Lombardei ein. Im Jahre 1500 kamen der neue französische König, Ludwig XII. (1462–1515), und der spanische Herrscher, Ferdinand von Aragon (1423–1494), überein, das Königreich Neapel unter sich aufzuteilen. 1501 wurde es von den Heeren beider Länder erobert.

**Kriegsschauplatz zweier Großmächte.** Diese Besetzung durch zwei Mächte war die eigentliche Katastrophe, denn 1502 wurden sich die Eroberer uneinig. Von diesem Augenblick an war Italien dazu verdammt, den Schauplatz für das Kräftespiel der beiden stärksten und angriffslustigsten Länder Europas abzugeben.

Ein weiteres französisches Heer wurde nach Neapel in Marsch gesetzt. Es wurde 1503 von den Spaniern unter dem Feldherrn Gonzalo de Córdoba am Garigliano vernichtend geschlagen. Ludwig XII. mußte sich notgedrungen zu Verhandlungen mit Ferdinand von Aragon bereitfinden und die Bedingungen des Siegers akzeptieren.

Es wurde ein Abkommen geschlossen, demzufolge Italien nicht etwa sich selbst überlassen, sondern noch enger mit den Interessen Spaniens und Frankreichs verflochten wurde; Venedig sollte mit Hilfe Maximilians I. erobert und der Papst später zu einer Marionette der spanisch-französischen Mächte erniedrigt werden.

**Habgier war der Grund.** An dieser Politik erscheint vieles irrational.

Frankreich war ein reiches und autarkes Land. Sein Verlangen, Italien zu unterwerfen, war durch keine Notwendigkeit bedingt. Überdies hätte es sich viel leichter nach Nordosten über eine bequem zugängliche Ebene nach den Niederlanden ausdehnen können als über die Alpen nach Italien, das mit seinen langen, schmalen, schwer zu verteidigenden Verbindungswegen einem französischen Expansionsbedürfnis beträchtliche Hindernisse entgegenstellte. Das Gesetz der Logik hätte eine wirtschaftliche Orientierung nach Brüssel oder Antwerpen verlangt, nicht nach Venedig, das durch seine Lagunen geschützt wurde, oder nach Neapel, dessen Getreidereichtum für Frankreich uninteressant war. Auch für Spanien war Italien kein wirtschaftlich oder sonstwie lohnendes Ziel. Trotz der zunehmenden Verwaltungseinheit in den europäischen Ländern, trotz der Verfeinerung ihrer bürokratischen Apparatur, ihrer Finanzwirtschaft und ihrer Rechtsreformen blieb ihre Außenpolitik verhältnismäßig primitiv. Sie wurde weniger durch Vernunft als durch Habgier bestimmt, durch die Sucht nach Ruhm und Abenteuer.

Läßt man die wahren Gründe beiseite, so fanden sich eine Menge hochtrabender Entschuldigungen von allerdings fragwürdiger Legalität für die französischen Invasionen. Karl VIII. hatte den Anspruch des Hauses Anjou auf das Königreich Neapel geerbt und war gewillt, ihn geltend zu machen. Er wäre jedoch nie nach Süden aufgebrochen, wenn er nicht als kränkliches Kind mit den Ritterromanen als Lektüre aufgezogen worden wäre und sich nicht als ruhmreichen Führer eines von Süditalien ausgehenden Kreuzzuges gegen die Türken gesehen hätte.

Darin liegt nichts Vernünftiges. Es liegt nichts Vernünftiges in der Art, wie er Spaniens und Deutschlands Neutralität durch die Hergabe von Gebieten im Süden und Osten Frankreichs erkaufte, die sein Vater beschwerlich genug erworben hatte. Aber das Element der Unvernunft erwies sich als Stärke im Umgang mit den italienischen Höfen. Die italienischen Diplomaten hatten in ihrer eigenen verstandesklaren, geschäftstüchtigen Umwelt gelernt, die Außenpolitik rational zu betrachten: das irrationale Vorgehen der Herrscher aus dem Norden verwirrte sie völlig.

Die technisch hochentwickelte italienische Diplomatie beging noch zwei weitere Fehler. Die italienischen Staaten und ihre Gesandten, die sich auf Grund der relativen Ruhe der Jahre nach 1450 in dem Glauben gewiegt hatten, eine schlaue Diplomatie könnte Kriege verhüten, waren der Ansicht, daß kluge Verhandlungen Spanien und Frankreich davon abbringen könnten, Italien aufzuteilen. «Bevor unsere italienischen Fürsten von den Fremden gezüchtigt wurden», schrieb Machiavelli 1522, «glaubten sie, es genüge für einen Fürsten, wenn er einen hübschen Brief schreiben oder mit einer geschliffenen Entgegnung antworten könne.» Der zweite Fehler lag in einem Versagen der diplomatischen Bevollmächtigten im Ausland. Sie vermochten den Hofklatsch nicht zu durchschauen und dahinter die Realitäten zu erkennen, die die Kriegsbereitschaft einer Nation beeinflussen: die Stimmung der Aristokratie, die Zahl der kampffähigen Männer und die finanziellen Mittel des Landes.

**Mangelnde Abwehrbereitschaft und Überheblichkeit.** Dieses Versagen, zusammen mit einer gewissen Überheblichkeit, die zur Folge hatte, daß die Italiener die «Barbaren» anfangs nicht ganz ernst nahmen, sowie die Taubheit vieler italienischer Staaten gegenüber den Warnungen ihrer Gesandten bewirkten, daß die Italiener jede Invasion als die letzte ansahen. Infolgedessen unterließen sie es, sich zu der einzig möglichen, wenn auch peinlich-neuartigen Lösung aufzuraffen, nämlich: sich durch feste Bündnisse gegen eventuelle Angreifer abzusichern.

Wir haben uns so an die Vorstellung eines geeinten Italiens gewöhnt, daß es uns schwerfällt, die mangelnde Abwehrbereitschaft der italienischen Staaten zu begreifen. Vom militärischen Standpunkt aus gesehen, hätten sie mit Hilfe einer koordinierten Verteidigungsplanung leicht Widerstand leisten können. Aber Italien umfaßte genau wie Europa eine Vielzahl unabhängiger Staaten. Man darf sich deshalb nicht zu dem Glauben verleiten lassen, daß die gemeinsame Sprache und der Stolz auf die gemeinsame römische Herkunft die einzelnen Staaten Italiens eher dazu bewogen hätte, ihre Interessen miteinander zu verknüpfen – es sei denn aus schierem Eigennutz – als Frankreich und Deutschland oder Spanien und Portugal.

Es bestanden allerdings Bündnisse zwischen den italienischen Staaten: zum Beispiel verband sich das Papsttum 1495 mit Venedig, Mailand und anderen, um sich dem zurückweichenden französischen Heer entgegenzustellen. Solche Bündnisse wurden jedoch nur für bestimmte Notfälle geschlossen und danach wieder aufgelöst. Und nicht alle waren gegen ausländische Mächte gerichtet. 1509 schlossen sich Papst Julius II., Ferrara und Mantua mit dem Heiligen Römischen Reich Deutscher Nation, Frankreich und Spanien in der Liga zu Cambrai gegen Venedig zusammen. Die italienischen Bündnispartner gaben sich dem Irrtum hin, daß die Fremdmächte sich wieder zurückziehen würden, und jeder italienische Staat bot Hilfe an – Truppen, freien Durchzug, Verpflegung – in der Hoffnung, dadurch für seine internen Belange Unterstützung zu erhalten.

Wahrscheinlich wären in den letzten Jahren des 15. Jahrhunderts auch ohne Fremdinvasionen Kriege in Italien ausgebrochen. Der 1454 geschlossene Friede von Lodi, der die Streitigkeiten zwischen den meisten italienischen Staaten beilegte, hielt zwar 40 unruhige Jahre lang an, dies aber nur, weil die drei Hauptbeteiligten Venedig, Florenz und Mailand mit den Grenzen, die sie dank dieses Abkommens erhalten hatten, leidlich zufrieden waren und Zeit brauchten, sie zu festigen. Der Friede von Lodi konnte nicht ständig die Tatsache verschleiern, daß Mailand und Venedig durch ihre geographische Lage zu einer unbehaglichen Nachbarschaft verurteilt waren, ebenso wie Neapel und der Kirchenstaat. Mailand und Neapel, deren In-

*Italien in der Renaissance.*

*Diese Karte zeigt Italien zur Zeit der Renaissance. Die Staatsgrenzen (durchbrochene Linien) festigten sich nach dem Frieden von Lodi 1454, der eine lange Phase mörderischer Kriege beendete. 1455 schlossen sich die fünf Hauptmächte – Mailand, Venedig, Florenz, Neapel und der Kirchenstaat – zur Italienischen Liga zusammen, vor allem, um ein übermäßiges Erstarken eines der Bündnispartner zu verhindern. Ein unstetes Gleichgewicht wurde bis 1494, als die französischen Invasionen begannen, aufrechterhalten. In diesem 40 Jahre währenden Frieden entwickelten sich die Stadtstaaten zu blühenden Kulturzentren.*

*Mino da Fiesoles (1431–1484) realistische Darstellung des Piero I. de' Medici (1416–1469) aus dem Jahre 1453 ist die erste Porträtbüste seit dem Untergang des alten Rom. Pieros aufrechte Haltung erscheint besonders bemerkenswert, weil er Zeit seines Lebens unter Krankheiten litt. Die Florentiner nannten ihn «il Gottoso», «den Gichtigen». Wie Machiavelli berichtet, war Piero oftmals so gebrechlich, daß «er über keine andere Fähigkeit als die der Sprache verfügen konnte».*

teressensphären sich nirgends überschnitten, neigten dazu, sich gegenseitig auf diplomatischem Gebiet zu unterstützen, und dieser Achse paßte sich Florenz behutsam an — teils, weil Venedig der mächtigste unter den möglichen Aggressoren und der schärfste Konkurrent für den florentinischen Überseehandel war, und teils weil jegliche Stärkung der päpstlichen Herrschaft über die östlich der Apenninen gelegenen Gebiete für die dortigen florentinischen Grenzen eine Bedrohung bedeutete.

**Das Zünglein an der Waage.** Guicciardini schrieb, daß Lorenzo de' Medici «das Zünglein an der Waage» auf dem politischen Schauplatz Italiens darstellte. Viele spätere Historiker betrachteten die Verhältnisse nach dem Frieden von Lodi als ein Experimentierfeld kleinen Maßstabs für das Prinzip des Gleichgewichts der Kräfte, das die Bündnispolitik der europäischen Mächte in den nachfolgenden Jahrhunderten bestimmte. Aber das ist höchst unwahrscheinlich. Diplomatie beruhte im 15. Jahrhundert auf dem Gedanken der Zweckmäßigkeit. Was im Rückblick wie eine bewußte Anwendung des Prinzips des Gleichgewichts der Kräfte aussieht, erweist sich bei näherer Betrachtung als eine zufällige Folge von Entschlüssen, die der unmittelbaren Notwendigkeit entsprangen. Italien war kein in sich geschlossenes politisches System: Heirat und Handel verknüpften es mit Frankreich und Spanien, historische Bande mit dem Heiligen Römischen Reich; hinzu kam die Bedeutung der Handelswege über die Alpen. Da die italienischen Herrscher gezwungen waren, um die Gunst fremder Mächte zu buhlen, mußten sie bei langfristigen politischen Plänen stets Rücksicht auf das Kräftespiel außerhalb der Halbinsel nehmen.

Vieles hing von einzelnen Persönlichkeiten ab. Mit dem Tode Lorenzos des Prächtigen im Jahre 1492 verlor Italien einen Repräsentanten der Mäßigung. Sein Sohn Piero, ein eher schwacher und wankelmütiger Charakter, konnte die politische Linie seines Vaters nicht fortführen. Im selben Jahr wurde Rodrigo Borgia als Alexander VI. zum Papst gewählt, und damit trat ein Mann an die Spitze des Kirchenstaates, der aggressiver und noch skrupelloser war als Sixtus. Diese beiden Ereignisse fielen in eine Zeit, wo Lodovico Sforza um seine Stellung in Mailand fürchten mußte. Er war der wirkliche Herrscher, aber das legitime Staatsoberhaupt war sein Neffe Gian Galeazzo Sforza, und Gian Galeazzos Gemahlin drängte ihren Vater, den König von Neapel, den rechtmäßigen Anspruch ihres Gatten auf die Ausübung der Herrschaft zu unterstützen. Diese Spannung zwischen Mailand und Neapel wurde durch einen weiteren Umstand verschärft: Lodovico hegte berechtigte Zweifel an der Hilfsbereitschaft Pieros de' Medici, und so wandte er sich statt an diesen an den König von Frankreich und versprach ihm Beistand für den Fall, daß Karl in Italien einrücken und den Anspruch des Hauses Anjou auf Neapel geltend machen würde.

Schon früher hatten sich italienische Fürsten mit Versprechungen und Hilfegesuchen an fremde Monarchen gewandt. Meistens hatten sie geblufft. Es war Italiens Verhängnis, daß Frankreich, von den Erschütterungen des Hundertjährigen Krieges (1339–1453 – gegen England) genesen und von einer unzufriedenen militanten Aristokratie angestachelt, diesmal wirklich herbeieilte.

**Italienische Kriege.** Daß Spanien sich zu diesem Zeitpunkt intensiver um die italienischen Angelegenheiten kümmern konnte, wirkte sich ebenso unselig für Italien aus. Spanien hatte unter der starken Regierung des Herrscherpaares Isabella von Kastilien und Ferdinand von Aragon seinen jahrhundertelangen Kreuzzug gegen die Araber 1492 mit dem Siege über Granada, den letzten ungläubigen Staat, beendet. Nun verfügte es über ein gewaltiges Heer, das nichts zu tun hatte. Außerdem wurde es besser verwaltet als jemals zuvor. Aus diesem Grunde konnte sich Spanien seinen Interessen in Italien widmen – zuweilen im Bunde mit Frankreich wie 1501 bei der Eroberung Neapels und 1509 bei dem allgemeinen Ansturm auf Venedig, doch schließlich in grimmiger Feindschaft gegen den ehemaligen Bündnispartner.

Die Einzelheiten der italienischen Kriege, in deren Verlauf die großen europäischen Bestien übereinander herfielen und die italienischen Staaten wie Schakale aufgeregt nach Beutestücken schnappten, sind zu kompliziert, um hier beschrieben zu werden. Tatsächlich hat seit Guicciardinis ‹*Geschichte Italiens*› kein Historiker die Lust verspürt, diese Vorgänge erschöpfend darzustellen. Aber es lohnt sich, einige ihrer Ergebnisse zu untersuchen.

Als Guicciardini 1540 starb, waren Mailand und Neapel in Spaniens Besitz; Florenz, die Vaterstadt des Historikers, war weder frei noch selbständig. Die republikanische Verfassung war durch die Herrschaft der in den erblichen Herzogstand erhobenen Medici ersetzt worden; ein Beauftragter Karl V. hielt die Festungen besetzt. Rom und der Vatikan blieben verschont, aber 13 Jahre vorher hatten spanische und deutsche Truppen die Stadt geplündert und den Papst gefangengenommen. Venedig hatte die größte militärische Niederlage seiner Geschichte erlitten und war in seine Lagunen zurückgedrängt worden; Frankreich, Deutschland und der Kirchenstaat hatten sich die venezianischen Besitzungen auf dem Festland geteilt. Die Franzosen hatten innerhalb von 25 Jahren viermal das Herzogtum Mailand ganz oder teilweise erobert, bevor sie 1525 für immer daraus vertrieben wurden.

Man kann nicht sagen, daß die Italiener in all diesen Wirren ein wehrloses Opfer des Schicksals waren. Lodovico Sforza hatte 1494 die Franzosen herbeigerufen. Sechzehn Jahre später hatte Papst Julius II. sich mit Spanien verbündet, um die Franzosen aus Italien zu vertreiben. Die Mailänder und Genueser Geschäftswelt sah den Vorteil, der in einer Verbindung mit Spanien lag, wo italienische Bankiers schon größere Investitionen gemacht hatten. Sie beobachteten den wachsenden Reichtum, der Spanien aus der Neuen Welt zufloß, mit wachsamen Augen, und das gab den Ausschlag dafür, daß Italien sich auf die Seite der Gegner Frankreichs schlug. Es besteht kein Zweifel, daß Italiens Wirtschaftsleben – jedenfalls auf den Gebieten des Überseehandels und des Bankgeschäfts – von einer Bindung an Spanien profitierte. Politische Stabilität und ökonomischer Gewinn können als ein fairer Ausgleich für den Verlust der Selbstverwaltung gelten.

Das Unglück, das mit dem Jahre 1494 über Italien hereinbrach, hatte darum auch seine positiven Aspekte. Genua nahm im Verlauf des folgenden Jahrhunderts einen stetigen Aufschwung; Venedig blieb so stark und vermögend und so unitalienisch wie eh und je. Florenz führte unter seinen

Großherzögen ein geordnetes und sicheres Dasein, obschon sie ihm von spanischen Spießen aufgezwungen worden waren. Das Papsttum, das sich die allgemeine Verwirrung zunutze gemacht hatte, um längst verlorene Städte zurückzuerobern und den gesamten Kirchenstaat mit einer relativ gut funktionierenden Verwaltung zu versehen, vermochte das katholische Europa zur Gegenreformation aufzurütteln. Neapel hatte die endlosen Zwistigkeiten und kleinen Aufstände, an denen es sich im voraufgegangenen Jahrhundert aufgerieben hatte, hinter sich gebracht; allerdings wurden ihm von Spanien hohe Steuern für die fruchtlosen Kriege des Kaisers in Afrika, Ungarn und Deutschland auferlegt.

Die kleineren Staaten wie Mantua und Ferrara blieben unabhängig, konnten fortan jedoch nicht darauf hoffen, ihre Grenzen auszudehnen. Die allerkleinsten wie Imola, Forlì, Faenza und Rimini wurden dank ihrer Unterwerfung unter den Kirchenstaat wenigstens von den Tumulten und dem Blutvergießen verschont, die sie bis dahin unter ihren häufig wechselnden Tyrannen erlebt hatten.

Der Friede von Cambrai 1529, durch den Frankreich seine Ansprüche auf Italien aufgab, und die Wiedereinsetzung der Herrschaft der Medicis in Florenz ein Jahr darauf hatten zur Folge, daß die Halbinsel auf eine festere Grundlage gestellt wurde als je seit dem Ende der Kaiserzeit des Römischen Reiches. Nur ein Unruheherd blieb bestehen: Siena. Bis 1557 kämpften spanische und französische Truppen um den Besitz der Stadt; dann übereignete sie Philipp II., König von Spanien, an Cosimo I., Großherzog von Toskana. Aber sonst herrschte in Italien ein ganz und gar ungewohnter Friede, der sich seit 1557 auch über den kleinen Vulkan Siena ausbreitete.

**Die Folgen der «Katastrophen».** Wenn man abzuwägen versucht, wieviel Italien am Ende seiner Unglücksphase verloren oder gewonnen hatte, wird man zu einer leidlich optimistischen Ansicht gelangen. Wäre Italien nicht zu einer Verbindung mit den atlantischen Mächten gezwungen worden, hätte es in wirtschaftlicher Hinsicht wahrscheinlich größere Einbußen erlitten, als es so der Fall war. Die entscheidenden Entwicklungen in den Bereichen des Handels, des Staatswesens und der Kultur verlagerten sich immer mehr nach Westen und Norden auf die Mächte, die durch ihre Orientierung nach Übersee den stärksten Auftrieb empfingen: Spanien, Frankreich und die Niederlande. Wenn Italien in der zweiten Hälfte des 16. Jahrhunderts uninteressanter erscheint als in der zweiten Hälfte des 15., so deshalb, weil eine entscheidende Phase seiner Entwicklung bereits abgeschlossen war, wohingegen andere Staaten die Aufgabe, zivilisierte, geordnete und expansive Nationen zu werden, noch vor sich hatten. Politische Stabilität mag langweilig sein, aber sie ist wenigstens gefahrlos.

In der Welt des Geistes liegen die Verhältnisse verwickelter. Die hemmenden Auswirkungen des wieder auflebenden Katholizismus sind nicht zu leugnen. Die Verfolgung des Wissenschaftlers Galilei, dessen Entdeckungen im Widerspruch zum Dogma der Kirche standen, bietet ein trauriges Beispiel dafür. Und wie auf Giotto eine Schar bloßer Nachahmer folgte und auf Petrarca ein Jahrhundert unschöpferischer Redekünstler, so hätte die grandiose Blüte der bildenden Kunst und der Literatur zwischen 1420 und 1500 eigentlich eine Periode unproduktiver Imitation nach sich ziehen müssen.

Das hinderte freilich Michelangelo nicht, in der Epoche der sogenannten Katastrophen ein immer größerer Künstler zu werden; noch konnten die Auswirkungen dieser verhängnisvollen Zeit Buontalenti davon abhalten, seine geniale Begabung als Architekt zu entfalten. Darauf werden wir im letzten Kapitel zurückkommen. Hier können wir nur andeuten, daß die Namen genialer Männer in der zweiten Hälfte des 16. Jahrhunderts seltener auftauchen als in der ersten, weil es weniger gab und weil das geistige Klima fehlte, das selbst zweitrangigen Künstlern originale Leistungen entlocken kann. Die politischen Katastrophen haben damit nichts zu tun. Es wurden weiterhin Bilder in Auftrag gegeben und Kirchen und Paläste gebaut. Der Werdegang von Caravaggio (1573–1610), der als Mensch gewalttätig und grausam war und als Künstler in hohem Grade unkonventionell, zeigt, daß sich das Genie um 1600 genausogut durchsetzen konnte wie um 1500.

Also enthüllt das Bild dieser Zeit doch auch positive Züge. Daß man sie so schwer erkennt, ist den florentinischen Schriftstellern, besonders den Historikern unter ihnen, zuzuschreiben, deren bitterer Klagegesang der Nachwelt seitdem in den Ohren klingt. Denn in Florenz wurde das Unglück in der ersten Hälfte des 16. Jahrhunderts am schärfsten empfunden. Da die Florentiner wie die meisten Intellektuellen überzeugte Republikaner waren, waren sie zutiefst enttäuscht, daß sie durch fremde Gewalt zweimal gezwungen wurden — und das eine Mal für immer —, die Herrschaft einer Familie zu dulden, die sie einst vertrieben hatten. Sie erlebten den Zusammenbruch einer Verfassung, die durch das Beispiel des alten Rom, durch ihre glorreiche mittelalterliche Vergangenheit und ihr eigenes leidenschaftliches Engagement geheiligt war. Florenz trat als ein Staatsgebilde in die Kriege ein, das sich, verglichen mit dem übrigen Europa, der Idee einer modernen Demokratie am weitesten angenähert hatte; es tauchte aus ihnen empor als ein konventioneller Fürstenstaat des 16. Jahrhunderts.

Venedig hingegen blieb weiter eine Republik. Mailand hatte einen frem-

*Isabella d'Este (1474–1539) war die glänzendste Frauengestalt ihrer Zeit, durch Geburt und Heirat mit fast allen Herrscherhäusern Italiens verwandt. Als ihr Mann, der Markgraf von Mantua, während eines Krieges gegen Venedig in Gefangenschaft geriet, herrschte Isabella dank ihres diplomatischen Geschicks über Mantua. Durch rege Korrespondenz hielt Isabella sich über alle Ereignisse in Italien auf dem laufenden. Auf diesem Foto aus einem der Schlösser Isabellas liegt ihre Feder auf einem Brief an ihren Gatten. Daneben eine Notiz von Cesare Borgia.*

den Herrscher bekommen, aber auch die Sforza waren keine Mailänder gewesen, und das neue Oberhaupt regierte kaum anders als die ehemaligen Herzöge.

**Der Versuch einer Analyse.** In Florenz hatten sich auch die Tugenden, die den Heeren des republikanischen Rom so glänzende Eroberungen einbrachten, am reinsten bewahrt: Mut und Treue. Diese Eigenschaften verbanden sich mit einem politischen Puritanismus, der zwar keine Bedenken trug, sich auf die Seite des Gegners zu schlagen, aber vor persönlichem Verrat und Opportunismus zurückschreckte. Aus diesem Grund litten die Florentiner schmerzlicher als alle anderen Italiener unter dem moralischen Versagen, das Italien den einst verachteten Barbaren in die Hände spielte. Guicciardini, der größte florentinische Historiker, kam zu dem Schluß, daß die demütigende Mühelosigkeit, mit der Karl VIII. durch die Halbinsel nach Neapel gezogen war, zwar durch die politische und militärische Unfähigkeit der Italiener begünstigt worden sei, daß aber pure Charakterschwäche ihr Teil dazu beigetragen habe.

Der Eifer, mit dem Schriftsteller wie Guicciardini (1483–1540) die italienischen Niederlagen auf moralische Mängel zurückführten, trägt masochistische Züge. Und es verleitete sie perverserweise dazu, die militärische Untauglichkeit der Italiener zu übertreiben. Sowohl er wie Machiavelli (1469–1527) betonten nachdrücklich, daß die Italiener auf die Art der Kriegführung, mit der sie plötzlich konfrontiert wurden, nicht vorbereitet waren. Sie behaupteten, die Italiener seien einerseits psychologisch den furchtbaren, blutigen Schlachten nicht gewachsen und andererseits technisch der Ausrüstung (besonders der Artillerie) und Taktik der Franzosen und deren Schweizer Verbündeten unterlegen gewesen.

Machiavelli ging von dem Argument aus, daß die italienischen Heere zu seiner Zeit miserabel waren. Er erklärte dies durch die Abhängigkeit der italienischen Städte von gedungenen Söldnern, die eine inoffizielle Gewerkschaft bildeten, das Kriegshandwerk nach bestimmten Spielregeln betrieben und sich als Gegner natürlich soweit wie möglich schonten. Machiavelli tat so, als habe es sich bei den Opfern der Schlachten des 15. Jahrhunderts nur um ein paar Unglückliche gehandelt, die von ihren Pferden fielen und im Schlamm erstickten. Dadurch schuf er den langlebigen Mythos der Schachbrettkriege, bei denen prächtig herausgeputzte Reiter sich mit würdevoller Bedächtigkeit auf dem Schlachtfeld tummelten. Wurde eine Figur vom Brett entfernt, dann nur für den Rest des Spiels. Nach einer Zeit ehrenvoller Gefangenschaft und nach Zahlung eines Lösegelds konnte sie wieder zum nächsten Treffen antreten.

Diese entstellende Schilderung früherer Kriege erklärt sich aus Machiavellis dringender Befürwortung von Bürgerheeren nach dem römischen Muster.

Um das System, das er herbeiführen wollte, durchzusetzen, mußte er das bestehende anschwärzen. In Wirklichkeit war der italienische Berufssoldat um 1494 ebensogut ausgebildet und ausgerüstet wie sein Gegner von jenseits der Alpen. Auch seine persönliche Tapferkeit war nicht geringer. Bei einem Turnier, das 1503 in Süditalien während einer Kampfpause veranstaltet wurde, fochten dreizehn italienische Ritter gegen dreizehn Franzosen und besiegten sie mit Leichtigkeit.

**Die kriegstechnischen Voraussetzungen waren da.** Mailand hatte seit langem Rüstungen und Waffen an das übrige Europa geliefert. Seine Schwerter, Lanzen und Armbruste konnten es mit denen anderer Länder durchaus aufnehmen. Im 16. Jahrhundert glaubte man in Europa allgemein, daß das durch Handlunte abgefeuerte Gewehr, der Vorläufer der Luntenschloßmuskete, zum erstenmal im Krieg zwischen den Venezianern und Genuesern 1378–1381 verwendet worden sei. Bestandsverzeichnisse des 15. Jahrhunderts über Festungsausrüstungen zeigen, daß italienische Burgen mit Kanonen recht gut ausgestattet waren. Allerdings hatten die Franzosen eindeutig den Vorsprung auf dem Gebiet der leichten Artillerie, die auf Lafetten ins Feld geführt wurde. Aber zu dieser Zeit entschieden die Feuerwaffen selten, wenn überhaupt, über Sieg oder Niederlage in der Schlacht.

Hingegen hat das Argument einiges für sich, daß die italienische Infanterietaktik Schwächen aufwies, da sie den Kampfwert der Pike, einer Art schwerem Langspieß, der vom Fußvolk getragen wurde, nicht ausreichend berücksichtigte. Die massive Phalanx der Pikeniere war für die Schweizer charakteristische Schlachtformation, und ihre niederwalzende Wirkung erfocht Sieg auf Sieg für ihre Kriegsherren, die Franzosen (deren Nationalheer hauptsächlich aus Kavallerie und Armbrustschützen bestand), bis die Spanier und Italiener diese Taktik nachahmten. Die Schweizer kämpften in kompakten Blocks von ungefähr 6000 Mann: 85 Soldaten Schulter an Schulter auf einer etwa 100 Meter langen Linie, 70 Reihen tief. In der Verteidigung bildete die Phalanx der Pikeniere eine stachelige Barriere aus Stahl; die Piken waren so lang, daß die Spitzen aus den vorderen vier Reihen selbst dem kühnsten Kavalleristen wie eine unüberwindliche Mauer erschienen. Im Angriff konnte die Wucht einer solchen Phalanx nur durch eine gleich starke Formation aufgehalten werden.

Aber die Italiener paßten sich schnell an. Sie führten noch längere Piken ein, gegen die die feindlichen Pikeniere wenig ausrichten konnten. Ihre Infanterieeinheiten waren jedoch klein und undisziplinierter als die gegnerischen (und von der Disziplin hing in einer solchen Truppe alles ab). Zum Ausgleich wiederum warben sie deutsche Landsknechte an, die den Schweizern entgegengestellt wurden. Man kann also Italiens Hilflosigkeit gegenüber den fremden Heeren nicht mit einer mangelhaften Ausrüstung an

Piken oder Feldartillerie motivieren. Und man muß sich stets vor Augen halten, daß in den Kriegen, von ein oder zwei Ausnahmen abgesehen, auf beiden Seiten immer gemischte Söldnerheere standen.

Die Zeitgenossen führten noch eine technische Rechtfertigung für das Versagen der Italiener an: die Befestigungsanlagen seien veraltet gewesen und hätten die italienischen Städte vor den französischen Kanonen nicht genügend schützen können. Aber diese Behauptung hält der Nachprüfung ebensowenig stand wie die anderen. Die Einführung wirksamer Belagerungsartillerie erforderte eine neue Art Festungsbau mit dickeren Mauern und mit Eckbastionen an Stelle der herkömmlichen Türme, die den Kanonenkugeln nicht standhielten und überdies schwere Verteidigungsgeschütze nicht tragen konnten. So wurden die Türme Stück um Stück in Bastionen verwandelt — festgefügte dreieckige Vorsprünge in Mauerhöhe —, die im 16. Jahrhundert das charakteristische Merkmal aller europäischen Forts wurden und sich auch in allen von Europäern besiedelten überseeischen Gebieten durchsetzten.

Es waren italienische Festungsbauingenieure gewesen, die diese Entwicklung vor Ausbruch der Kriege angebahnt hatten, unter anderem in Ostia (1482—1486), Brolio (1484) und Poggio Imperiale, wo Lorenzo der Prächtige 1487 eine großartige (noch vorhandene) Befestigung anlegen ließ. In der zweiten Hälfte des 16. Jahrhunderts riß man sich in ganz Europa um italienische Festungsbaumeister. Königin Elisabeth I. von England rief sie herbei; sie befestigten Städte in Frankreich, Belgien und Ungarn. Das Festungsbauwesen war im 16. Jahrhundert Italiens größter unsichtbarer Export, und die Grundlagen dieser Kunst waren schon ausgearbeitet, bevor die Franzosen zum erstenmal über die Alpen eindrangen.

Nirgendwo sonst genoß das Festungsbauwesen ein so hohes Ansehen. In Italien machte man keinen Unterschied zwischen der zivilen und kirchlichen Baukunst einerseits und der militärischen Architektur andererseits. Giotto entwarf die dritte Umwallung von Florenz. Brunelleschi baute die Befestigungsanlage von Pisa. Leonardo da Vinci wurde von Cesare Borgia zum Inspektor der Befestigungen in der Romagna ernannt. Michelangelo wurde mit der Beaufsichtigung der Festungen von Florenz während der Belagerung durch die Kaiserlichen 1529—1530 betraut. Als Cosimo I. eine weitere Verstärkung der Anlagen beschloß, vergab er die Aufträge an mehrere Künstler, unter ihnen Benvenuto Cellini (der auch von dem französischen König Franz I. bei der Befestigung von Paris zu Rate gezogen wurde).

*Dieses phantasievolle Kriegsschiff ersann Roberto Valturio, ein Künstler, der für den Herrscher Sigismondo Malatesta arbeitete. Viele Künstler betätigten sich auch als Festigungsbauingenieure: Leonardo da Vinci entwarf Befestigungswerke für den Herzog von Mailand, Micheangelo für die Regierung von Florenz.*

Um ein dichtes Flankenfeuer und eine wirkungsvolle Abwehrplanung zu ermöglichen, mußten die Bastionen in einem genau berechneten Winkel angelegt sein. Das mathematische Interesse der italienischen Kunsttheoretiker und das Ideal der Harmonie, Proportion und Symmetrie, das die Künstler und Architekten des 15. Jahrhunderts erfüllte, kamen dieser Entwicklung eines neuen Festungstyps, der auf geometrischen Prinzipien beruhte, entgegen. Da humanistisch gebildete Fürsten das Interesse der Architekten teilten, ist es nicht verwunderlich, daß einfachen Militärs in Italien mehr als anderswo eine systematische Kenntnis im neuen Festungsbau vermittelt wurde, die überall als vorbildlich galt. Die Anlage von Forts nach italienischem Muster erstreckte sich nicht nur auf Europa und auf die Zeit der Renaissance. Die sternenförmigen Forts, die im Kriege von 1812 zum Schutz der Mississippi-Mündung errichtet wurden, wären einem florentinischen Baumeister von 1550 durchaus bekannt vorgekommen.

**Die wirklichen Gründe.** Insgesamt läßt sich sagen, daß die Italiener in kriegstechnischer Hinsicht nicht hinterherhinkten. Sie wurden aus anderen Gründen Opfer der Aggressoren. Sie waren es nicht gewöhnt, in großen Heeren zu kämpfen, die sich aus Soldaten verschiedener Staaten zusammensetzten. Ihre uneinheitliche Führung entsprach der politischen Zerrissenheit Italiens. Ihre Feldherren wurden in ihrer Handlungsfreiheit oft von Zivilbeauftragten der Regierung behindert, die den Heeren folgten, um aufzupassen, daß die Feldherren kein Geld verschwendeten oder keine unnötigen Risiken eingingen. Im übrigen spürte man in weiten Kreisen auch nicht das Verlangen, die Eindringlinge abzuwehren, denn der Feind von heute konnte der Verbündete von morgen sein. Da es keine gesamt-italienische Politik und keine einheitliche militärische Planung gab, war es kein Wunder, daß die zielstrebigen Machtblöcke Italien zwingen konnten, den Sekundanten im Boxring zu spielen, in dem sie um die Vormachtstellung in Europa kämpften.

**Machiavelli.** Niemand hat die Kriege des frühen 16. Jahrhunderts in ihren politischen und militärischen Aspekten schärfer gesehen als Machiavelli. 1494 war er 24 Jahre alt. Er starb einen Monat nach der Plünderung Roms 1527. Von 1498 bis zu seiner Amtsenthebung bei der Rückkehr der Medici nach Florenz im Jahre 1512 war er Staatsbeamter – kein sehr wichtiger zwar, doch stand er dank seiner Stellung immer dicht am Zentrum bedeutender Entscheidungen. Seine Hauptaufgabe bestand in der Abfassung und Versendung von Instruktionen, die die Kommission für auswärtige Angelegenheiten im Rat der Zehn ausgab. Er war jedoch kein bloßer Schreiber, denn er unterzeichnete selbst diese Weisungen an Gesandte im Ausland. Auch wurde er mit Missionen betraut, freilich nie mit besonders prekären. Während seiner diplomatischen Laufbahn hatte er Gelegenheit, viele

*Ehrgeizige Erfindungen des Architekten Francesco di Giorgio befaßten sich mit von der Konzeption her sehr modernen Waffen. Ein Zweistufen-Raketengeschoß (1), das von brennendem Schießpulver in der offenen Hinterkammer angetrieben wurde, sollte auf ein Ziel zurollen. Dort explodierte das Pulver in der Vorderkammer. Der Torpedo (2) beruhte auf ähnlichen Prinzipien und war mit drei Fässern ausgerüstet, die ihn über Wasser halten sollten. Die transportable Kanone (3) feuerte ein der Rakete (1) gleichendes Geschoß ab.*

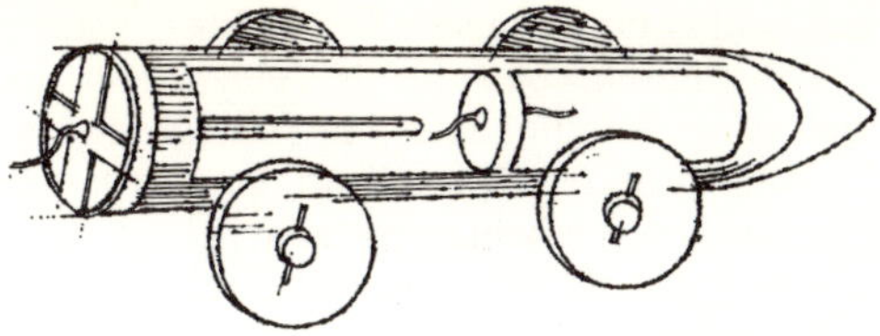

1 GESCHOSS AUF RÄDERN

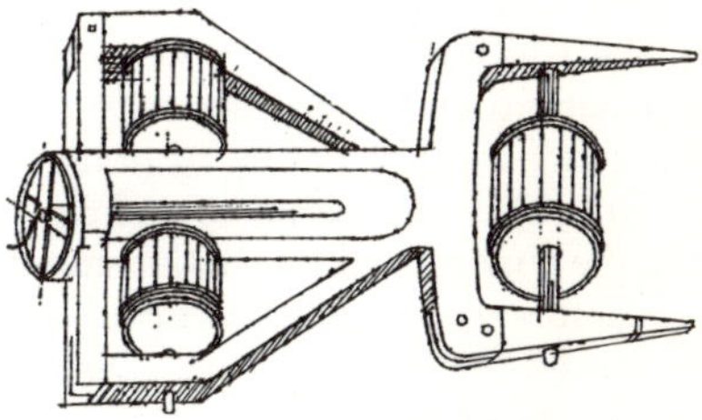

2 SEE-GESCHOSS

3 KOMBINATION VON KANONE UND GESCHOSS

Große seiner Zeit persönlich kennenzulernen: den König von Frankreich, den deutschen Kaiser, den Papst, militärische Führer verschiedener Länder und natürlich unzählige italienische Fürsten. Innenpolitisch war Machiavelli für die Verbindung zu den florentinischen Heeren im Feld und — sein eigenes Projekt — die Aufstellung einer Nationalmiliz zu Fuß und zu Pferde in der Toskana verantwortlich.

Da Machiavelli ein sehr energischer und weltläufiger Mann war, griff er nur zur Feder, wenn die Umstände ihn zur Muße zwangen. Er interessierte sich wie die meisten seiner Zeitgenossen für römische Geschichte und beschäftigte sich intensiv mit klassischer Literatur. Jedes seiner Bücher belud er mit einer von Mal zu Mal schwerer werdenden humanistischen Gedankenfracht. Seine Arbeiten — über Livius' ‹*Geschichte Roms*›, über die Kriegskunst, über florentinische Geschichte – verrieten eine immer stärkere reflektive Bemühung, obwohl die Leidenschaft und Originalität des Verfassers und seine Anteilnahme am Tagesgeschehen ihnen eine bemerkenswerte Vitalität sicherten. Diese Kraft, gepaart mit dem straffen epigrammatischen Prosastil, der Machiavelli zum glänzendsten italienischen Schriftsteller erhebt, hat seine Werke bis auf den heutigen Tag lebendig erhalten.

Sein erstes Buch war ‹*Der Fürst*›. Es enthält in der konventionellen Form des Traktats seine persönlichen Erfahrungen und seine eigenen Beobachtungen über die Vorgänge in Italien. Er schrieb es 1513, ein Jahr nach seiner Entlassung. Er legt darin nicht nur dar, wie Italien seine Freiheit wiedergewinnen könne, sondern versucht auch, den Medici (die ihn noch nicht durch die Abschaffung der republikanischen Verfassung von Florenz enttäuscht hatten) zu zeigen, daß er es durchaus verdiene, wieder in ein Amt eingesetzt zu werden. Wären sie darauf eingegangen, hätten sie einen wertvollen Staatsdiener gewonnen, und die Welt hätte vermutlich seine späteren Werke, die eine wesentliche Ergänzung des Buches von ‹*Der Fürst*› darstellen, nicht erhalten. Machiavellis Sympathien galten im Grunde der republikanischen Staatsform, aber wer die ‹*Discorsi*› über Livius nicht gelesen hatte, konnte das nicht wissen. ‹*Der Fürst*›, der das Prinzip der politischen Zweckmäßigkeit behandelt, schildert einen Zustand, er entwirft kein Programm für ein ideales Staatsgebilde.

‹*Der Fürst*› stellt die folgenden Hauptthesen auf: ein Staat muß ein nationales Bürgerheer haben und darf sich nicht von Söldnern abhängig machen. Er muß eine klare politische Linie verfolgen, die durch Geld und Truppen wirksam gestützt und nicht durch tatenloses Zaudern und neutralistisches Lavieren beeinträchtigt wird. Wenn die Sicherheit des Staates es erfordert, muß der Herrscher zur List greifen. Er kann sich den Luxus eines persönlichen Gewissens nicht leisten. Ein einzelner kann es sich erlauben, die Wahrheit zu sagen und dafür zu leiden, denn er leidet allein. Aber ein Herrscher muß sich eine noble Geste versagen, wenn das Volk, für das er verantwortlich ist, dafür büßen müßte.

Alle diese Einsichten beruhen auf Machiavellis eigener Kenntnis der Lage. Die Unentschlossenheit und Treulosigkeit der von Florenz gedungenen Söldnertruppen überzeugte ihn von der Notwendigkeit eines Nationalheeres – eine Lösung, die er in der römischen Geschichte vorgebildet fand. Bei einem politischen Auftrag, der ihn 1500 nach Frankreich führte, wurde er als der Vertreter eines schwachen Staates oft verächtlich behandelt oder gar ignoriert. Das machte ihm bewußt, daß ein Land nur respektiert wird, wenn es stark ist. Durch die unschlüssige Politik seiner Oberen fortwährend behindert, erkannte er, daß halbe Maßnahmen (die die vorsichtigen Florentiner Geschäftsleute begünstigten) nutzlos waren und Neutralität eine Form des Selbstmords darstellte. Die Franzosen hatten für Florenz den Spottnamen *Ser Nihilo*, «Herr Garnichts», geprägt, was Machiavelli in der

Ansicht bestärkte, daß in der modernen Welt allein Geld und Waffen zählten und daß in einem Kampf auf Leben und Tod der Schwache manchmal zum Tiefschlag ausholen muß, um sich gegen den Unterdrücker zur Wehr zu setzen. Diese Erkenntnis fand er bestätigt, als er 1502 mit Cesare Borgia (1475–1507) zusammentraf, dessen Gewissenlosigkeit und Hinterlist sich in seinen Feldzügen gegen die Stadtstaaten der Romagna gut bezahlt machten. Bei späteren Missionen in Frankreich erlebte er, wie eine starke Monarchie aus einem wankelmütigen und leichtfertigen Volk eine kriegstüchtige Macht geformt hatte, und das unterstützte ihn in seiner Meinung, daß Florenz eine gute Bewaffnung und einen skrupellosen Herrscher brauchte.

**«. . . wie der Mensch wirklich dachte.»** Diese Lehren, die er in seinem Buch *‹Der Fürst›* darlegte, illustrierte er durch moderne Beispiele politischen Verhaltens und ähnliche Fälle aus dem alten Rom und Griechenland. Auch im Mittelalter hatte es schon Abhandlungen über die Staatskunst gegeben, aber während sie dem christlichen Herrscher vorschrieben, nach dem Gesetz der sittlichen Pflicht zu handeln, propagierte Machiavelli eine nur auf die Maximen der praktischen Notwendigkeit gegründete Fürstengewalt. Obgleich Staatsmänner seit jeher die christliche Moral mißachtet hatten, wenn es ihnen zusagte, war dies Prinzip vorher noch nie offen ausgesprochen, geschweige denn empfohlen worden. *‹Der Fürst›* ist das erste Werk, das die Politik den Erfordernissen der Zweckmäßigkeit und Nützlichkeit unterordnete und nicht einem Ideal.

Die Kriege hatten Italien die Lektion erteilt, daß Schlachten nicht unbedingt mit dem Intellekt gewonnen werden. Die geistvollen, gebildeten Italiener wurden von den kulturell rückständigen Spaniern und Franzosen besiegt. Der scharfsinnige, nüchterne Kaufmann war dem irrationalen Elan «feudaler» Krieger nicht gewachsen.

Obwohl die Italiener schwere Niederlagen erlitten hatte, gingen sie nicht zugrunde. Als sich der Aufruhr gelegt hatte, öffneten sie wieder ihre Läden, und das Leben begann von neuem. Vielleicht zählt Machiavellis System politischer Zweckmäßigkeit, das er aus der Beobachtung der Kriege gewonnen hatte, zu den dauerhaftesten Ergebnissen dieser Kriege. Er löste die Theorie der Staatskunst aus der Bindung an die Instanz des Gewissens und gab sie dem Politiker als praktischen Ratgeber an die Hand. Von Giotto bis Leonardo hatten die Künstler darzustellen gesucht, wie die Menschen sich wirklich bewegten; in einer rasch entworfenen Abhandlung zeigte Machiavelli, wie der Mensch, der politische Mensch, wirklich dachte.

# 8. Die Renaissance im Norden

Die Denkformen und kulturellen Errungenschaften der italienischen Renaissance entfalteten sich in der ersten Hälfte des 15. Jahrhunderts, dem Zeitalter der großen Künstler Masaccio und Donatello, Brunelleschi und Alberti, zu voller Blüte. Die gesellschaftlichen Verhältnisse Italiens hatten sich inzwischen so günstig entwickelt, daß Künstler und Gelehrte hier die Voraussetzungen fanden, um eine Kultur höchsten Niveaus zu verwirklichen. Obwohl Florenz seine führende Rolle behielt, nahm das ganze Land an dieser Kultur teil. In der Renaissance vollzog sich die Wiedergeburt des antiken Geistes. Was diese Epoche der Wiedergeburt so bedeutend macht, ist der Reichtum an schöpferischen Menschen und der ununterbrochene Strom schöpferischen Gestaltens.

Die Entwicklung der Renaissance zeigt eine verhältnismäßig klare Struktur. Ihr liegt eine neue gesellschaftliche und politische Ordnung zugrunde, deren pädagogische und sittliche Bedürfnisse sich von denen der mittelalterlichen Welt unterschieden. Der Humanismus befriedigte diese neuen Bedürfnisse. Daraus erwuchs eine gesellschaftliche und intellektuelle Atmosphäre, die die Entfaltung schöpferischer Kräfte förderte. Die tiefsten Erlebnisse des Menschen, die Begegnung mit Gott, Liebe und Natur, wurden neu erfahren und neu formuliert.

**Eigene Ideen und das Beispiel Italien.** Im übrigen Europa bahnte sich diese Entwicklung erst sehr viel später an. In Deutschland, Frankreich, England und Spanien fallen die entscheidenden Jahre der Renaissance in das 16. Jahrhundert und reichen sogar noch in das 17. Jahrhundert hinein.

Diese später einsetzende Phase der Genialität orientierte sich zwar am italienischen Vorbild, aber selbst wenn Italien nicht existiert hätte oder kulturell unergiebig gewesen wäre, hätten die anderen europäischen Länder zweifellos einen eigenen Renaissancestil hervorgebracht.

Jedes Land Europas hatte während des Mittelalters eine Blütezeit nationaler Kultur erlebt, die sich zum Beispiel in den deutschen Kathedralen, in

*Andreas Vesalius (1514–1564), ein hervorragender Anatom, Chirurg und Lehrer, war der Begründer der modernen Medizin. Schon als Student entwickelte der Flame Vesalius eigene Ideen über Anatomie, führte Dutzende von Sektionen aus und beschaffte sich für seine Studien Gerippe aus Friedhöfen, Hinrichtungsstätten und Leichenhäusern. Links: In diesem Hörsaal der Universität Padua lehrte Vesalius.*

dem englischen Dichter Geoffrey Chaucer (1340–1400) und dem französischen Poeten François Villon (1431–1463) manifestiert. Man kann also nicht behaupten, daß Nordeuropa und Spanien von der Renaissance aus tiefem Dornröschenschlaf geweckt wurden. Man muß wohl eher von einer Wandlung der kulturellen Entwicklung im 16. und frühen 17. Jahrhundert sprechen, einem veränderten geistigen Klima, das sich von dem des Mittelalters deutlich abhob und sich in einer noch nie dagewesenen Fülle genialer Begabungen äußerte.

Dieser Wandel des Zeitgeistes war zum Teil durch das Beispiel Italiens bedingt. Aber niemals wird ein Land die Ideen eines anderen übernehmen, wenn nicht schon eine Aufnahmebereitschaft dafür besteht. Die anderen europäischen Nationen sogen den Humanismus und die künstlerischen Stilformen Italiens so begierig auf, weil der richtige Augenblick gekommen war: die Heere dieser Nationen drangen gerade zu dem Zeitpunkt in Italien ein, als die Länder selbst sich in einer Art kultureller Aufbruchstimmung befanden.

Erst im späten 15. Jahrhundert hatten Verwaltungs- und Finanzwesen der westlichen Mächte einen Stand erreicht, der «einen Sprung nach vorn» erlaubte. Jetzt konnten sie zum erstenmal große Heere über ihre eigenen Grenzen schicken. Da die Staaten gut organisiert waren und von starken Monarchen regiert wurden, die den inneren Frieden aufrechterhielten, konnten sie auch geordnete, wirtschaftlich gedeihliche Lebensbedingungen schaffen, die in allen Bereichen weltlicher Bildung zur Aufnahme und Erprobung neuer Ideen führte. Seit dem Beginn der Renaissance, seit der Zeit Giottos und Petrarcas, hatten Fremde aus geschäftlichen, diplomatischen oder wissenschaftlichen Gründen Reisen nach Italien unternommen. Jetzt, gegen Ende des 15. und zu Anfang des 16. Jahrhunderts, ging die Saat auf, die durch diese Begegnungen mit dem Geist Italiens ausgestreut worden war.

Humanismus ist nicht dasselbe wie Renaissance. Die Wiederbelebung des antiken Denkens bedeutete zwar eine ungeheure Steigerung der intellektuellen Kräfte und Ausdrucksmöglichkeiten; aber eine Renaissance bedarf des Talents, das diesen Gedanken eine gültige Form zu geben vermag. In jedem Land wies die humanistische Bewegung den eigentlich schöpferischen Dichtern nur den Weg zu den neuen Stilarten.

**Humanismus in Deutschland.** Es ist nicht verwunderlich, daß sich – von Italien ausgehend – die ersten Pflegestätten des Humanismus in Deutschland bildeten. Obwohl das Kaiserreich in viele Teilstaaten gespalten war und unzulänglich verwaltet wurde, gab es hier aufstrebende Städte, die in ihrer munizipalen Unabhängigkeit bis zu einem gewissen Grade den italienischen Stadtstaaten ähnelten. Städte wie Basel und Nürnberg, die über eigene Schulen und Universitäten verfügten und ein nach weltlicher Bildung dürstendes Kaufmannspatriziat beherbergten, folgten bereitwillig dem italienischen Vorbild. Andererseits nutzte der Kaiser selbst die Beredsamkeit der Humanisten für diplomatische Aufgaben. Auch liebte er es, sich in ihren Huldigungen zu sonnen – die Kunst des Herrscherlobes hatten die Humanisten im Dienst der fürstlichen Tyrannen Italiens erlernt.

So ist es verständlich, daß der holländische Geistliche Desiderius Erasmus (1469–1536), der größte und zugleich berühmteste humanistische Gelehrte, den Nordeuropa hervorbrachte, gerade in Deutschland die meisten kongenialen Anhänger fand, als er das Evangelium des Humanismus zu verbreiten begann.

Er unternahm ausgedehnte Reisen, knüpfte überall Freundschaften an und führte eine äußerst umfangreiche internationale Korrespondenz, die zur Ausbreitung des Humanismus über ganz Europa beitrug. Überdies konnte er sich die kurz zuvor erfundene Buchdruckerkunst zunutze machen. Er war überhaupt der erste Schriftsteller, der von seinen Büchern lebte und einen Bestseller nach dem anderen schrieb. Es ist natürlich auch das Verdienst der Buchdruckerkunst, daß sich der italienische Humanismus jenseits der Alpen so schnell und nachhaltig ausbreiten konnte.

Obwohl Deutschland als erstes Land Nordeuropas eine Renaissance erlebte, war ihr hier die kürzeste Lebensdauer beschieden. Sie blühte in den letzten Jahren des 15. und zu Beginn des 16. Jahrhunderts am Hofe Maximilians I. und ging dann in den erbitterten theologischen Auseinandersetzungen der Reformation unter.

Der Humanismus mit seiner Betonung der Würde des Menschenwerkes war seinem Wesen nach katholische Philosophie. Der Protestantismus, der auf das der menschlichen Natur innewohnende Böse besonderen Nachdruck legte, bereitete der humanistischen Bewegung in Deutschland ein Ende. Aber während ihrer kurzen Lebensdauer brachte sie einige hervorragende Repräsentanten hervor: Johann Reuchlin, ein Christ und gelehrter Kenner des Hebräischen; Sebastian Brant (1458–1521), dessen didaktische Satire ‹*Das Narrenschiff*› im späten 15. Jahrhundert einen gewaltigen Einfluß in Europa ausübte, und Albrecht Dürer, den überragenden Maler und Meister der Kunst des Holzschnitts und des Kupferstichs.

**Frankreich.** Die französische Renaissance wurde um 1500 durch das Werk des humanistischen Gelehrten Jacques Lefèvre d'Etaples eingeleitet, der nach einem Besuch in Florenz die grundlegenden Gedanken des Humanismus in Frankreich einführte. Sein Landsmann Guillaume Budé förderte das Studium griechischer Autoren und war die treibende Kraft bei der Gründung des Collège de France durch Franz I.

Die französische Renaissance erlebte ihre Blütezeit im zweiten Drittel des 16. Jahrhunderts. In der bildenden Kunst ist sie eng mit den Werken italienischer Maler verknüpft, die Franz I. an seinem Hof versammelte. Er war der erste französische Monarch, der sich seine kulturellen Interessen

*Die Göttin Fortuna. Die Renaissancemerkmale dieses Kupferstichs von Albrecht Dürer – das mythologische Thema, die realistische Aktfigur, die perspektivische Zeichnung – waren das Ergebnis seiner Studien in Italien. Durch seine späteren Schriften, Holzschnitte und Kupferstiche verbreitete er wie kein anderer die Idee der Wiedergeburt der Antike in seiner Heimat.*

etwas kosten ließ. Das Ergebnis zeigte sich in der eleganten, manirierten und vor allem dekorativen Kunst der Schule von Fontainebleau. Der Dichterkreis, der sich ebenfalls um die Mitte des 16. Jahrhunderts bildete und La Pléiade nannte, wurde durch Joachim du Bellay und Pierre de Ronsard angeführt. Diese Gruppe erstrebte eine volkssprachliche französische Dichtung und suchte die französische Sprache zu bereichern und literaturfähig zu machen. 1534 veröffentlichte Rabelais sein drastisches, zeitsatirisches Meisterwerk ‹*Gargantua*›, das, kaum erschienen, einen nachhaltigen Erfolg hatte. Die Essays von Montaigne erschienen fast ein halbes Jahrhundert später.

**England und Spanien.** In England und Spanien bestand sogar eine noch größere Kluft zwischen gelehrtem Humanismus und künstlerischer Renaissance, zwischen den Wegbereitern und den Vollendern. Erasmus hatte humanistische Freunde in England — unter ihnen Thomas More, den Verfasser der ‹*Utopia*›, und John Colet, Dekan von St. Paul und Gründer der Schule gleichen Namens. Aber die Schlüsselfiguren der englischen Renaissance waren Edmund Spenser, Christopher Marlowe und William Shakespeare.

Durch ihre großen Dichtungen schimmern die Strahlen des ersten englischen Königshofs der Renaissance, des Hofes von Elisabeth I., die 1603 starb. In Spanien wurde 1508 die Universität von Alcalá mit einem bewußt humanistischen Bildungsprogramm gegründet. Aber es dauerte noch geraume Zeit, bis Spanien sein Dreigestirn schöpferischer Geister hervorbrachte: den großen Maler El Greco (um 1541—1614), den Erzähler Miguel de Cervantes (1547—1616) und den Dramatiker Lope de Vega (1562—1635).

Italien stellte für alle diese Länder, die allmählich in diese neue Epoche hineinwuchsen, den Lehrmeister dar, der sie zu immer größeren Leistungen anspornte. Der italienische Neuplatonismus wirkte befruchtend auf Colets Religiosität, auf Spensers Auffassung der Liebe und auf Shakespeares Naturgefühl. Und ähnlich wie Petrarca eine innere Verwandtschaft mit Cicero empfand, so fühlte sich Erasmus zum heiligen Hieronymus, dem asketischen Kirchenvater, hingezogen, der die als Vulgata bekannte lateinische Bibelübersetzung verfaßt hatte. Petrarcas Seelenbekenntnisse, seine sensible Reaktion auf Gefühlsreize wurden von den elisabethanischen Dichtern nachgeahmt; sie wählten für ihre Verse eine Form, die auch Petrarca die liebste war: das Sonett. Die Humanisten im Norden lauschten aufmerksam und mit freudiger Begierde jeder Botschaft, die aus Italien herüberdrang.

**Humanistische Geschichtsschreibung.** Humanistische Geschichtsschreibung gehörte zu Italiens erfolgreichsten Exportartikeln. Jeder Mensch, der sich aus eigener Kraft emporgearbeitet hat und fühlt, daß er den Gipfel seiner

Daseinsmöglichkeiten erreicht hat, möchte sich einen ansehnlichen Stammbaum zulegen (selbst wenn es ein gefälschter ist). Die Nationen machen es nicht anders. Auch für sie kommt der Augenblick, wo sie ihre Geschichte mit allen gemeisterten Schwierigkeiten und allen überstandenen Gefahren aufgezeichnet sehen wollen. Das erfordert eine neue Art der Historiographie, die das Walten Gottes zugunsten der menschlichen Vernunft und Entscheidungsfreiheit zurückdrängt.

Eine solche Schule der Geschichtsschreibung wurde in Frankreich von Paolo Emilio da Verona begründet, der 1516–1519 eine detaillierte Geschichte seiner Wahlheimat schrieb. In England wurde eine ähnliche Richtung durch den Italiener Polydorus Vergil ins Leben gerufen, der dank der Protektion durch Heinrich VII. eine Geschichte in 26 Bänden schreiben konnte. Seine weltliche, auf Fakten bedachte Betrachtungsweise übte später einen tiefen Einfluß auf das englische Geschichtsdenken aus — und nicht zuletzt auf Shakespeares Auffassung der englischen Vergangenheit in seinen historischen Dramen.

Die Italiener hatten weitaus mehr zu bieten als historische Methoden oder das Sonett oder den Realismus in der Malerei oder klassische Maße in der Architektur. Sie hatten sich bemüht, exakte Textausgaben der antiken Autoren herzustellen, sie hatten das tätige, sittliche, weltliche Leben gepriesen und zu zeigen versucht, daß gewisse Ideen der antiken Philosophie das durch Christus geoffenbarte Gotteswort vorausgeahnt hatten. Alle diese Bestrebungen waren von unmittelbarem Nutzen für die Humanisten im Norden, die sich intensiv mit der Frage beschäftigten, wie ein gutes, sinnvolles Weltleben außerhalb der Kirche zu führen sei. Es ist nicht etwa so, daß Thomas More (1478–1535) und Erasmus sich zum christlichen Humanismus bekannten, weil sie Bücher aus Italien lasen, aber sie konnten sich klarer und überzeugender ausdrücken, weil Italien die Vorarbeit geleistet hatte. Obgleich Thomas More in seiner ‹*Utopia*› stilistisch eigene Wege ging und thematisch Fragen seiner Zeit behandelte — Krieg und Frieden, Probleme sozialer Gerechtigkeit und gesellschaftlicher Reform —, stammt der Begriff des Idealstaates ebenso wie der Gedanke der Beherrschung aller politischen und gesellschaftlichen Lebensformen durch die Vernunft von Platon. Platon war, wie sich denken läßt, von den Italienern wiederentdeckt worden. Erasmus hatte eine kritische Ausgabe des Neuen Testaments im griechischen Urtext herausgegeben und ihr eine eigene lateinische Über-

*Der Arbeitsraum des Malers Andrea Mantegna (1431–1506). Die Bronzebüste in der Mitte offenbart in ihrem klassischen Stil Mantegnas Liebe zur römischen Antike. Mantegna, der mit zehn Jahren in die Malergilde von Padua aufgenommen wurde, erforschte und meisterte neue Techniken der Perspektive. Sein Bild des toten Christus (s. S. 133), das die Gestalt des Erlösers in Verkürzung darstellt, erschreckte und schockierte jeden Betrachter.*

setzung beigefügt; er stützte sich bei dieser Arbeit auf die textkritischen Methoden, die italienische Philologen im Zusammenhang mit der Erschließung klassischer Texte entwickelt hatten. Seine von allen Ungenauigkeiten und Zusätzen gereinigte griechische Ausgabe des Neuen Testaments gab Luther die Möglichkeit, bei seiner Bibelübersetzung nicht auf die lateinische Vulgata, sondern auf deren Vorlage zurückzugreifen.

**Lehrmeister Italien.** Die Phase, in der Italien als Lehrmeister Europas auftrat, zerfällt in zwei Perioden. Anfangs benutzten die nördlichen Länder die Italiener selbst als Lehrer. Sie riefen Künstler herbei: Andrea del Sarto hielt sich von 1518–1519 am französischen Hof auf; Leonardo starb dort 1519. Pietro Torrigiano (der Michelangelo einst in jugendlichem Streit die Nase eingeschlagen hatte) vollendete 1519 das elegante Grabmal für Heinrich VII. in Westminster Abbey. Italienische Diplomaten und Briefschreiber wurden von den Kanzleien in England, Frankreich, Deutschland und Polen beschäftigt.

In der zweiten Periode hatten sich die Schüler den italienischen Stil angeeignet. Zwar wurden auch jetzt noch von Zeit zu Zeit Italiener herbeigerufen, doch betrachtete man sie fortan nicht mehr als die einzig anerkannten Repräsentanten des modernen Bildungsprogramms, sondern als begabte einzelne. Es dauerte nicht lange, bis die Schüler es mit ihren ehemaligen Lehrern aufzunehmen wagten. Katharina de' Medici, nach dem Tode ihres Gemahls Heinrich II. Königinwitwe von Frankreich, versammelte italienische Künstler an ihrem Hof, um eine ihr von Jugend her vertraute Atmosphäre genießen zu können. Die französischen Baumeister und Kunsthandwerker sträubten sich jedoch dagegen, italienische Muster bedingungslos zu übernehmen, und suchten sie mit eigenen Formen zu durchdringen. Das in Tapeten, Emailarbeiten, Schmuck, Architektur und Büchern des 16. Jahrhunderts sichtbare Ergebnis bildet eine glückliche Verschmelzung französischer und italienischer Einflüsse.

**Literatur.** Die Literatur empfing unter allen Künsten die stärksten Impulse aus Italien. Klima und einheimische Tradition bedingten, daß die italienische Architektur nur sehr vorsichtig adaptiert wurde. Der nachhaltigste Einfluß ging nicht von Neuerern wie Brunelleschi und Michelangelo aus, sondern erst spät im 16. Jahrhundert von Andrea Palladio, der die strenge Symmetrie antiker römischer Bauwerke auf seine Bauten übertrug. In der Malerei hatte das sonst konservative Europa eine Vitalität entfaltet, die bereits ihrerseits befruchtend auf Italien wirkte, besonders hinsichtlich der Technik der Ölmalerei. Die Kenntnis dieser Technik drang aus Neapel, wo flämische Künstler schon vor der Mitte des 15. Jahrhunderts arbeiteten, in den achtziger Jahren des 15. Jahrhunderts nach Norditalien. Obgleich Dürer (1471–1528) eine Zeitlang in Italien studierte und die italienische Formensprache in Deutschland bekanntmachte, bewahrten die künstlerischen Traditionen im Norden ihren eigenen Charakter. Holbeins (1497–1543) ‹*Heinrich VIII.*› entsprach in seiner stämmigen Dreidimensionalität dem Geschmack der frühen Tudorzeit, der das Robuste und Behäbige dem Zarten und Auffallenden vorzog.

Auf das Schrifttum freilich übte Italien einen wirklich tiefgreifenden Einfluß aus. Die italienische Literatur umspannte eine Fülle von Stilen und Stimmungen. Sie erneuerte nicht nur klassische Formen wie den Dialog, die Tragödie und das Epos, sondern entwickelte die mittelalterliche Novelle mit so viel Freude am Erzählen, daß Boccaccio und Matteo Bandello bis ins 17. Jahrhundert hinein geradezu ausgeplündert wurden. In Italien wurden nicht nur Vergil und Ovid, sondern auch die volkssprachlichen Werke von Dante, Boccaccio und Petrarca hochgeschätzt. Nachdem sie eine Zeitlang vernachlässigt worden waren, bildeten sie im 15. Jahrhundert parallel zu den antiken Autoren eine Art Kanon italienischer «Klassiker».

Viele bedeutende italienische Schriftsteller übernahmen daher formale Elemente aus der klassischen Tradition und inhaltliche aus der nationalsprachlichen Literatur. Diese Verbindung von gesicherter Form und lebendigem Gehalt verlieh den italienischen Werken einen besonderen Reiz, der überall in Europa bei schöpferischen Geistern Anklang fand. Die italienische Literatur strömte nicht nur kraftvolle Selbstsicherheit, sondern auch eine Melodie sehnsüchtiger Traurigkeit aus. Das Italien der Renaissance hatte seine enthusiastische und seine melancholische Seite. Dem lebensfrohen, weltoffenen politischen Bürger, der in Cicero einen Helden sah, stand der Einsamkeit gegenüber, den die Schäferstimmung in Vergils ‹*Bucolica*› und die arkadischen Träumereien des Theokrit in seiner Neigung zum gemächlichen Rhythmus des Landlebens bestärkten.

Die frühen idyllischen Hirtenromane, wie zum Beispiel Sir Philip Sidneys ‹*Arcadia*› und die ‹*Diana*› des Spaniers Jorge de Montemayor, in denen vornehme Damen und Herren zwischen Wäldern und Wiesen, Lämmern und sanften Hirten ein friedvolles ländliches Dasein führten, hätten ohne das Vorbild der ‹*Arcadia*› (1504) von Jacopo Sannazzaro nicht entstehen können. Sannazzaros Idylle wiederum beruhte auf Theokrit, obwohl er sich in gewisser Weise von diesem unterschied. Während die Figuren bei Theokrit einfache Bauern und sonstige ungehobelte Naturen sind, bevölkerte Sannazzaro seine rustikalen Szenen mit lebensmüden Hofleuten. In dieser Veränderung der Vorlage zeigt sich der Wandel vom einfachen Lebensideal der Antike zum weltmännischen Geschmack der Renaissance.

Ähnlich verfuhren die italienischen Dramatiker. Sie übernahmen die Akteinteilung und andere Techniken von den römischen Dichtern Plautus, Terenz und Seneca, arbeiteten aber das Liebesmotiv stärker heraus und spiegelten in den komischen Szenen die zeitgenössische Gesellschaft. Wieder einmal modernisierte Italien eine klassische Gattung und richtete sie für

den Export her. Italien gewann einen so tiefen Einfluß auf fremde Literaturen, weil es dem Gedankengut der Antike und auch des Mittelalters durch zeitgemäße Bearbeitung und Umformung eine neue Anziehungskraft verlieh. Der italienische Einfluß war darum vielschichtig, aber er wirkte so stark, gerade weil er vielschichtig war. Wenn Italiens literarische Renaissance sich in Übersetzungen antiker Autoren erschöpft hätte, hätten die nationalen Literaturtraditionen anderer Länder ihr widerstanden und wären ihre eigenen Wege gegangen.

Überdies machten sich die Schriftsteller anderer Länder den italienischen Einfluß nicht nur hinsichtlich der Gattungen (Novelle, Epos, Drama, Lyrik) zunutze, sondern auch in bezug auf das Problem der Sprache. Die italienischen Autoren hatten die Möglichkeit, zwischen verschiedenen Sprachen zu wählen. Wollten sie lateinisch schreiben, konnten sie sich entweder auf das Vokabular Ciceros beschränken, der als Stilist allseits bewundert wurde, oder auf den Wortgebrauch vieler anderer klassischer Autoren zurückgreifen. Entschieden sie sich für das Italienische, konnten sie sowohl das reine Toskanisch des 14. Jahrhunderts benutzen wie auch ein aus verschiedenen Dialekten und selbst aus Latein zusammengesetztes Italienisch.

Allmählich trat die Fülle der Möglichkeiten hinter der Frage zurück, welche Volkssprache zu benutzen sei. Es ist wichtig, daß dieses Problem gerade jetzt auftauchte, denn es setzte Erörterungen über die Sprache zu einem Zeitpunkt in Gang, als die modernen Strukturen des Französischen, Spanischen und Englischen sich herausbildeten.

Italiens Wendung zur Volkssprache verhinderte, daß andere Sprachen von lateinischen Wörtern und Redensarten überschwemmt wurden. Castiglione behandelte dies Problem in seinem ‹*Hofmann*›. Die englische Übersetzung seines Buches (1561) enthielt einen Brief von Sir John Cheke, der ein glühender, wenn auch verschrobener Verfechter einer reinen Nationalsprache war. «Ich bin dieser Meinung», schrieb Cheke, «das unsere Rede sauber und rein geschrieben werden sollte und sich von entstellenden Entlehnungen aus anderen Sprachen freizuhalten hat.» Shakespeares Diktion hätte gewiß nicht eine so typisch englische Prägung, wenn die Sprachtheoretiker des 15. und frühen 16. Jahrhunderts nicht unter dem Einfluß des von Dante und Boccaccio literaturfähig gemachten Italienisch für eine von lateinischen Formen möglichst freie Volkssprache eingetreten wären.

Schwieriger ist es, unmittelbare Wirkungen des politischen Denkens der Renaissance außerhalb Italiens festzustellen. Der entscheidende Einfluß ging hier von Machiavelli aus, dessen Name bereits in der zweiten Hälfte

*Maskierte Musikanten singen zur Laute. Bei vielen Fürsten in der Renaissance waren Musikanten oft fest engagiert. Sie spielten und sangen bei Banketten und Bällen oder traten zwischen den Akten höfischer Aufführungen auf.*

des 16. Jahrhunderts zu einem Schlagwort geworden war: mit dem Begriff «Machiavel» bezeichnete man eine verhaßte Person, der man vor allem Gottlosigkeit und Verschlagenheit zutraute. So veröffentlichte der Franzose Innocent Gensilles 1576 einen *‹Anti-Nicolas Machiavel›* – eine der wirkungsvollsten Schmähschriften, die je gegen einen politischen Schriftsteller gerichtet wurden. Der *‹Antimachiavel›* Friedrichs des Großen war ähnlich tendenziös. Doch wurden Machiavellis Schriften ernsthaft studiert. *‹Der Fürst›* ging in England schon lange vor seiner Veröffentlichung, die 1640 genehmigt wurde, in Manuskripten von Hand zu Hand, und manch ein Herrscher berief sich auf ihn, um Maßnahmen zu rechtfertigen, die er ohnehin zu ergreifen beabsichtigte.

**Politische Thesen.** Trotz der weiten Verbreitung, die Machiavellis Schriften im 16. Jahrhundert fanden, läßt sich dennoch keine einzige politische Tat mit Sicherheit aus der Kenntnis seiner Werke herleiten. Politiker reagieren auf Ereignisse, nicht auf Bücher – jedenfalls gilt diese These bis zu dem Augenblick, wo *‹Das Kapital›* von Marx erschien. Ein Buch kann jedoch dazu beitragen, die politische Ideologie einer Partei zu formulieren, und daraus wiederum können Taten entstehen. So ähnlich geschah es in England zwischen 1640 und 1660, als der Puritaner Oliver Cromwell an die Macht gelangte und England unter heftigen Spannungen das Experiment einer republikanischen Verfassung durchführte. Die erbliche Monarchie wurde zeitweilig abgeschafft, und die Nation bedurfte republikanischer Politiker, die eher praktische als formal-gesetzliche Lösungen anstrebten. Die notwendigen Kenntnisse verschaffte man sich aus den Theorien holländischer und französischer Hugenotten und aus Machiavellis Schriften. Die europäischen Staaten übernahmen von Machiavelli, was sie im Bedarfsfall brauchten. Ihre politischen und religiösen Zustände unterschieden sich jedoch so grundlegend von der Situation in Italien zu Machiavellis Zeit, daß sie nur sehr wenig gebrauchen konnten.

Was Europa wirklich brauchte und auch reichlich benutzte, waren Castigliones Lehren. Der Adel verlangte nach einem Sittenkodex, der die ritterlichen Tugenden den Ansprüchen der Zeit anpaßte; das aufstrebende Bürgertum verlangte nach pädagogischen Lebenspraktiken, die gesellschaftliche und kulturelle Aufstiegsmöglichkeiten aufzeigten. *‹Der Hofmann›* war in ganz Europa ein Bestseller. Überhaupt nahmen die Anstandsbücher im 16. Jahrhundert nach den religiösen Erbauungswerken den breitesten Raum in der Literatur ein. Die Historikerin Ruth Kelso zählte allein 891 Bücher, die sich mit der Erziehung und dem Betragen der Frauen befaßten. Fast alle stammen vom *‹Hofmann›* und Giovanni della Casas *‹Galateo›* ab, und manche sind nur Bearbeitungen dieser Vorlagen. Das italienische Ideal der freien Selbstentfaltung und des intellektuellen Individualismus schlüpfte gleichsam durch die Maschen der politischen und religiösen Vormundschaft und durchdrang das gesellschaftliche Leben sogar unter den Augen eines absolutistischen Monarchen oder der protestantischen Kirche.

Italiens Einfluß auf das übrige Europa wäre gewiß schwächer gewesen, wenn sich die Genialität der Renaissance schon im frühen 16. Jahrhundert plötzlich erschöpft hätte. Ein Lehrer, der seiner Originalität immer neue Leistungen abringt, genießt ein größeres Ansehen als einer, der sich auf seinen in der Vergangenheit erworbenen Lorbeeren ausruht. Durch seine anhaltende Schöpferkraft vermochte der Lehrmeister Italien immer wieder Europas Bewunderung zu erregen.

**Musik in der Renaissance.** In der Musik entfaltete Italien im 16. Jahrhundert sogar eine größere Produktivität als in irgendeiner früheren Epoche seiner Kultur. In Italien und den Niederlanden erreichte «die neue Musik» ihren glanzvollen Höhepunkt mit Giovanni da Palestrina (1525–1595) und Orlando di Lasso (1532–1594), die ihrer Zeit als «Fürsten der Musik» galten. Beide komponierten Motetten, Messen und andere geistliche Chorwerke.

Musik und Gesang kirchlicher und weltlicher Art haben seit jeher in Italien eine große Rolle gespielt. Aber seit der zweiten Hälfte des 15. Jahrhunderts hatte das Interesse an ihren Wirkungsmöglichkeiten noch zugenommen. Marsilio Ficino lernte das Lyraspiel; Lodovico Sforza wertete Leonardos musikalisches Talent fast ebenso hoch wie sein bildnerisches. Bilder wie Tizians *‹Das Konzert›* und Raffaels *‹Die heilige Cäcilie›* lassen erkennen, daß die Musik für die Zeitgenossen Zauber und philosophische Würde besaß. Es ist nur natürlich, daß sich die weltliche Musik in Italien damals glücklicher entwickelte als irgendwo sonst; der erlesene Lebensstil, der Hang zu kultivierter Muße boten ihr die günstigsten Wachstumsbedingungen.

Hier vollzogen sich auch unter dem Einfluß der Dichtung und der sinnlichen Einstellung zu den Künsten die großen Neuerungen in der Renaissancemusik: die Verschmelzung von Musik und Lyrik und die Einführung eines andersartigen musikalischen Gefüges: die einzelnen Stimmen wurden harmonisch miteinander verflochten, statt wie vorher in verschiedenen musikalischen Strängen übereinander zu liegen, so daß an die Stelle horizontaler Linienführung vertikale Akkorde traten.

In dem Streben nach Klangfülle und Ausdrucksreichtum ging man dazu über, die Chöre zu erweitern und neue Instrumente einzuführen. Die Komponisten experimentierten mit Dissonanzen und Vierteltönen. Nicola Vicentino da Ferrara baute sogar ein Spinett, dessen Oktaven nicht aus 12, sondern 31 Tönen bestanden. In der päpstlichen Kapelle sowie in den Musikakademien, die für musikalische Aufführungen und zur Pflege der Musik in den italienischen Städten gegründet wurden, ging es darum, der Musik die Ausdrucks- und Bewegungsmächtigkeit zurückzugewinnen, die ihr im klassischen Griechenland eignete. Zeugnisse griechischer Musik

*Die Hetzjagd bildete «einen rechten Zeitvertreib für große Herren», wie ein bekanntes Handbuch der guten Sitten aus der Renaissance das Waidwerk charakterisierte. Tatsächlich galt ein gut abgerichteter Jagdfalke als eines der kostbarsten Geschenke, das einem dargebracht werden konnte. Gewöhnlich wurden Fässer voll Wein und Körbe voll Speisen*

*mitgeführt, wenn sich eine Gesellschaft auf die Jagd machte. Für einen Edelmann war «die einzig angemessene Beute» ein kapitaler Hirsch. In dem Gemälde von Paolo Uccello sitzen die Aristokraten zu Pferde, während ein großes Gefolge von Jägern, Treibern und Meuteleuten die schwere Arbeit zu Fuß verrichtet.*

*«Ländliches Konzert», eine idyllische Szene von Giorgione (1478–1510), entstand um 1508 – zwei Jahre bevor der junge Künstler an der Pest starb. Der Bellini-Schüler Giorgione gehörte zu den Malern, die als erste Öl als Bindemittel ihrer Farben benutzten. Diese Technik steigerte die Leuchtkraft der Farben und verlieh den Bildern mehr Feinheit und Tiefe.*

waren nicht überliefert. Aber es gab auch keine griechischen Bilder mehr – wie man damals glaubte –, und doch hatten die Italiener auf Grund ihres literarischen Quellenstudiums realistische Techniken in der bildenden Kunst entwickelt, mit deren Hilfe sie ihre Vorstellung von der griechischen Malerei zu verwirklichen suchten. So war es auch mit der Musik. Der Musikwissenschaftler E. E. Lowinksy stellt fest: «Die Musiker der Renaissance studierten die Schriften der Griechen über Musik mit der gleichen

Ehrfurcht und Hochachtung wie die Philosophen Platon, die Bildhauer antike Plastik und die Architekten erhaltene antike Bauten ... Das Studium der griechischen Musiktheorien wurde als Katalysator benutzt, um jenen radikalen Wandel in den Wegen und Zielen der Musik herbeizuführen, der eine neue Epoche einleitete. Die Autorität des alten Griechenland wurde beschworen, um die universale Herrschaft des Kontrapunktes zu stürzen, die ... ein halbes Jahrtausend regiert hatte.»

Auch die moderne Oper entstand in Italien. Claudio Monteverdis (1567 bis 1643) *‹L'incoronazione di Poppea›* (1642), die auch heutige Zuhörer noch zu rühren vermag, gingen vertonte Bühnenwerke wie die *‹Dafne›* (1594) von Ottavio Rinuccini und Jacopo Peri voraus.

In den bildenden Künsten ließ Italien keine Anzeichen versiegender Produktivität erkennen. Tizian malte mit unverminderter Kraft bis zu seinem Tode im Jahre 1576, und Tintoretto schuf bis zu seinem Ende 1594 eine Fülle schöpferischer Werke. Um diese Zeit hatten sich schon neue Namen durchgesetzt, die während der folgenden zweieinhalb Jahrhunderte den Ruhm der Meister des *quattrocento* verdunkeln sollten. In den Augen der Kunstkenner des 17. und 18. Jahrhunderts hatten sogar Leonardo und Michelangelo nicht mehr die Anziehungskraft, die zum Beispiel Domenichino, Guido Reni und die Familie Carracci — mit Lodovico, Agostino und Annibale — ausstrahlten. Obwohl diese Künstler Bemerkenswertes leisteten und zu den Besten ihrer Zeit zählten, hat man sie seither im allgemeinen nie den großen Meistern an die Seite gestellt. Und ebenso wie Italien in der zweiten Generation des 16. Jahrhunderts den Manierismus hervorbrachte, den ersten wahrhaft internationalen Stil seit der Gotik — international, weil er dem Geschmack der europäischen Aristokratie entsprach —, so schuf Italien in den folgenden Jahrzehnten mit den Werken von Palladio und Vincenzo Scamozzi den ersten internationalen nachgotischen Architekturstil, die Klassik.

Wenn wir dem noch die lebensvollen *‹Novelle›* von Bandello, die 1554 zuerst veröffentlicht wurden, und Torquato Tassos (1544—1595) 1581 erschienenes, ungemein erfolgreiches Epos *‹La Gerusalemme Liberata›* hinzufügen, sehen wir, daß der Lehrmeister Italien dem Europa des 16. Jahrhunderts noch vieles zu geben hatte. Seine Lektionen wurden mit der Achtung befolgt, die einem großen Mentor gebührt.

Manches hier Erwähnte ereignete sich erst, als der Gedanke der Wiedergeburt Italien schon nichts mehr sagte; aber die Bedeutung der italienischen Renaissance und die mächtigen Impulse, die andere Länder von ihr empfingen, bleiben unverständlich, wenn man ihren Nachwirkungen keine Beachtung schenkt. Erst wenn wir begreifen, welche Fülle von Anregungen die Künstler und Gelehrten dieses geteilten, besiegten und dennoch beharrlich schöpferischen Landes dem Europa des 16. und 17. Jahrhunderts vermittelten, können wir ermessen, wie unendlich viel unsere eigene Kultur dem Italien jener Zeit verdankt.

Weil dieses Land mehr als zweieinhalb Jahrhunderte lang dem Talent unvergleichliche Entfaltungsmöglichkeiten bescherte, konnten sich ein Lebensgefühl und eine Kunstauffassung ausbilden, die andere Nationen ansporten, ihre eigenen Bestrebungen zu verwirklichen. Jedes Land, das bereit war, den Sprung über den imaginären Graben zu tun, der das Mittelalter von der modernen Welt trennte, konnte Italiens schützende Hand ergreifen. Zwar beeinflußte Italien kaum den Verlauf politischer und wirtschaftlicher Entwicklungen, aber es half der gesamten modernen Welt, zu denken, zu fühlen, zu bauen und zu musizieren.

Wäre die italienische Renaissance nie gewesen, dann wäre Dürer nie der große Theoretiker deutscher Kunst geworden, dann hätte die französische Malerei mit der Schule von Fontainebleau nie eine neue Richtung gefunden, dann wären Shakespeares Romeo und Julia nie in Verona gestorben. Die italienische Renaissance hat nicht das Genie der schöpferischen Menschen Nordeuropas geweckt, aber es war letztlich ihr Einfluß, der ihnen ein wesentlich breiteres Publikum geschaffen und ihre Werke nachhaltig geprägt hat.

# Literaturhinweise


## Allgemeines

BURCKHARDT, J.: Die Kultur der Renaissance in Italien. (Kröners Taschenausgaben 53) Alfred Kröner Verlag, Stuttgart 1966.

CHASTEL, A.: Die Krise der Renaissance 1520 bis 1600. (Kunst, Ideen, Geschichte) Edition Alber Skira, Genf 1968.

DECKER, H.: Renaissance in Italien. Anton Schroll & Co. GmbH, München und Wien 1967.

DURANT, W.: Die Renaissance. Eine Kulturgeschichte Italiens. (Kulturgeschichte der Menschheit 5) 2. Aufl., A. Francke Verlag, München und Bern 1961.

LOESCH, L.: So war es Sitte in der Renaissance. Werner Dausien Verlag, Hanau 1964.

Die Renaissance. Hg. v. D. HAY. (Knaurs Große Kulturen in Farben) Droemersche Verlagsanstalt Th. Knaur Nachf., München 1968.

## Geschichte

FRIEDELL, E.: Kulturgeschichte der Neuzeit. Die Krisis der europäischen Seele von der schwarzen Pest bis zum zweiten Weltkrieg. (Beck'sche Sonderausgaben) C. H. Beck'sche Verlagsbuchhandlung, München 1965.

HASSINGER, E.: Das Werden des neuzeitlichen Europa 1300—1600. (Geschichte der Neuzeit 1) Georg Westermann Verlag, Braunschweig 1966.

HUBSCHMID, H.: Die Neuzeit. Von der Renaissance bis zum Beginn der Aufklärung. (Weltgeschichte 3) 3. Aufl., Eugen Rentsch Verlag AG, Erlenbach-Zürich 1964.

KLUKE P.: Neuere Geschichte. (Funk-Kolleg 5) Fischer Bücherei 979). Fischer Bücherei KG, Frankfurt am Main 1969.

KRAMER, H.: Geschichte Italiens. (Urban-Bücher 107 und 108) 2 Bde., W. Kohlhammer GmbH, Stuttgart 1968.

MIRGELER, A.: Geschichte Europas. Herder KG, Freiburg im Breisgau 1964.

NÄF, W.: Die Epochen der neueren Geschichte. Staat und Staatsgemeinschaft vom Ausgang des Mittelalters bis zur Gegenwart. 2 Bde., 2. Aufl., H. R. Sauerländer & Co., Aarau und Frankfurt am Main 1959—60.

RÖNNEFARTH, H. K. G.: Neuere Zeit 1492 bis 1914. (Konferenzen und Verträge. Vertrags-Ploetz 3) 2. Aufl., A. G. Ploetz Verlag, Würzburg 1958.

RÖSSLER, H.: Europa im Zeitalter von Renaissance, Reformation und Gegenreformation. 1450—1650. Weltgeschichte in Einzeldarstellungen 4) F. Bruckmann Verlag und KG, München 1956.

RUGGIERO, R. / TENENTI, A.: Die Grundlegung der modernen Welt. Spätmittelalter, Renaissance, Reformation. (Fischer Weltgeschichte 12) Fischer Bücherei KG, Frankfurt am Main 1967.

SAMHABER, E.: Geschichte Europas. Die Geschichte der europäischen Völker von den frühen Kulturen bis zur Gegenwart. M. DuMont Schauberg, Köln 1967.

SEIDLMEYER, M.: Geschichte Italiens. (Kröners Taschenausgaben 341) Alfred Kröner Verlag, Stuttgart 1962.

SPULER, B.: Neuere Zeit 1492 bis 1918. (Regenten und Regierungen der Welt. Minister Ploetz 2, 3) 2. Aufl., A. G. Ploetz Verlag, Würzburg 1962.

## Kunst

BAUER, H.: Kunst und Utopie — Studien über das Kunst- und Staatsdenken in der Renaissance. Walter de Gruyter & Co., Berlin 1965.

Baukunst der Renaissance in Europa. Von der Spätgotik bis zum Manierismus. Hg. v. H. BUSCH und B. LOHSE. (Monumente des Abendlandes) 4. Aufl., Umschau Verlag, Frankfurt am Main 1966.

BERENSON, B.: Die italienischen Maler der Renaissance. 2. Aufl., Phaidon Verlags-GmbH, Köln 1966.

CHASTEL, H.: Die Kunst Italiens. 2 Bde., Prestel-Verlag, München 1961.

CHASTEL, A.: Italienische Renaissance. 2 Bde. Universum der Kunst 7—8) C. H. Beck'sche Verlagsbuchhandlung, München 1965—66.

DECKER, H.: Gotik in Italien. Anton Schroll & Co. GmbH, München und Wien 1964.

FRIEDRICH, H.: Epochen der italienischen Lyrik. Vittorio Klostermann, Frankfurt am Main 1964.

KELLER, H.: Die Kunstlandschaften Italiens. Prestel-Verlag, München 1960.

OERTEL, R.: Die Frühzeit der italienischen Malerei. 2. Aufl., W. Kohlhammer GmbH, Stuttgart, Köln, Berlin und Mainz 1966.

PAATZ, W.: Die Kunst der Renaissance in Italien. (Urban-Bücher 1) 3. Aufl., W. Kohlhammer GmbH, Stuttgart 1961.

WITTKOWER, R.: Grundlagen der Architektur im Zeitalter des Humanismus. C. H. Beck'sche Verlagsbuchhandlung, München 1968.

WÖLFFLIN, H.: Italien und das deutsche Formgefühl. Die Kunst der Renaissance. (Bruckmann Querschnitte) 2. Aufl., F. Bruckmann Verlag und KG, München 1964.

ZÜRCHER, R.: Stilprobleme der italienischen Baukunst des Cinquecento.

## Weltanschauung

BARINCOU, E.: Machiavelli und seine Zeit. Eugen Diederichs Verlag, Düsseldorf und Köln 1957.

BARTH, K.: Humanismus. (Theologische Studien 28) EVZ-Verlag, Zürich 1950.

BUSEMANN, A.: Weltanschauung in psychologischer Sicht. (Psychologie und Person 14) Ernst Reinhard Verlag, München und Basel 1967.

CASSIRER, E.: Individuum und Kosmos in der Philosophie der Renaissance. Wissenschaftliche Buchgesellschaft, Darmstadt 1963.

CHASTEL, A. / KLEIN, R.: Die Welt des Humanismus. Europa 1480—1530. Georg D. W. Callwey, München 1963.

HEIDEGGER, M.: Über den Humanismus. Neuaufl., Vittorio Klostermann, Frankfurt am Main 1951.

HOCHWALD, E.: Humanismus und Europäertum. (Erasmus-Bibliothek) Artemis-Verlag, Zürich und Stuttgart 1957.

JASPERS, K.: Psychologie der Weltanschauungen. 5. Aufl., Springer-Verlag KG, Berlin, Heidelberg und Bielefeld 1960.
KLUXEN, K.: Politik und menschliche Existenz bei Machiavelli. Dargestellt am Begriff der Necessità. W. Kohlhammer GmbH, Stuttgart, Köln, Berlin und Mainz 1967.
NEWALD, R.: Probleme und Gestalten des deutschen Humanismus. (Kleinere Schriftenreihe zur Literatur- und Geistesgeschichte) Walter de Gruyter & Co., Berlin 1963.
SASSO, G.: Niccolò Machiavelli. Geschichte seines politischen Denkens. W. Kohlhammer GmbH, Stuttgart, Köln, Berlin u. Mainz 1965.
SCHELER, M.: Schriftenreihe zur Soziologie und Weltanschauungslehre. (Scheler: gesammelte Werke 6) 2. Aufl., A. Francke Verlag, München und Bern 1963.
VOIGT, G. / LEHNERDT, M.: Die Wiederbelebung des klassischen Altertums oder das erste Jahrhundert des Humanismus. Nachdr., 2 Bde., Walter de Gruyter & Co., Berlin 1960.
WEINSTOCK, H.: Die Tragödie des Humanismus. Wahrheit und Trug im abendländischen Menschenbild. 5. Aufl., Quelle & Meyer, Heidelberg 1967.

# Personennamenregister

**Alberti, Leon Battista** 23, 48, 74, 95, 107, 109, 120, 127
**Alexander VI.**, Papst 149
**Angelico, Fra**, Maler 74
**Aretino, Pietro** 60
**Aretino, Spinello** 106
**Aristoteles** 9, 17

**Bandello, Matteo** 171, 180
**Bartolommeo, Fra** 128, 134
**Beccafumi, Domenico** 140
**Bellini, Giovanni** 114, 117f
**Bellini, Jacopo** 134
**Bernhard von Siena** 65
**Bisticci, Vespasiano da** 53f, 85
**Boccaccio** 11, 23, 171
**Bonifacius VIII.**, Papst 14
**Borgia, Cesare** 53, 68
**Borgia, Lucrezia** 48
**Borgia, Rodrigo** 68
**Botticelli** 67, 74, 88, 128
**Bracciolini, Poggio** 12
**Bramante** 128
**Brant, Sebastian** 165
**Brienne, Walter von** 84
**Bril, Paulus** 12
**Brunelleschi, Filippo** 74, 95, 102, 106, 119f, 170
**Bruni, Leonardo** 50, 74
**Buontalenti** 152

**Campi, Vincenzo** 44
**Capaccio** 29
**Caravaggio** 152
**Casa, Giovanni della** 60, 174
**Castiglione, Baldassare** 24, 54, 57—59, 173f
**Cellini, Benvenuto** 74, 129, 131
**Cennini, Cennino** 128
**Certaldo, Paolo di Pace** 59
**Cervantes, Miguel de** 167
**Chaucer, Geoffrey** 164
**Cicero** 17, 51, 129, 167
**Colet, John** 167
**Corio**, Geschichtsschreiber 143
**Cosimo I.**, Großherzog von Toskana 151, 156
**Cromwell, Oliver** 174

**Dante** 9, 23, 171
**d'Este, Isabella** 53, 152
**d'Etaples, Jacques Lefèvre** 165
**Donatello**, Bildhauer 64, 91, 97, 121, 124f
**Dürer, Albrecht** 165f, 170, 181

**Elisabeth I.**, Königin von England 156, 167
**Erasmus, Desiderius** 165, 167

**Fabriano, Gentile de** 106
**Feltre, Vittorino da** 50f
**Ferdinand von Aragon**, spanischer König 144, 149f
**Ficino, Marsilio** 74, 120, 175
**Fiescole, Mino da** 148
**Francesca, Piero della** 74
**Franz I.**, König von Frankreich 156, 165f
**Friedrich III.**, Kaiser 30

**Galilei, Galileo** 152
**Ghiberti, Lorenzo** 74, 97, 106f, 120, 128
**Ghirlandaio** 90
**Giorgione** 115, 134, 178
**Giotto**, Maler 9, 22, 74, 94f, 97—100, 104, 106, 121, 126, 152
**Gozzoli, Benozzo** 106
**Guicciardini, Francesco** 143, 150, 154

**Heinrich II.**, französischer König 170
**Heinrich VII.**, König von England 12, 170
**Holbein, Hans** 171
**Hus, Johannes** 110

**Innozenz VIII.**, Papst 65, 67
**Isabella von Kastilien** 149f

**Julius II.**, Papst 17, 134, 136, 139, 146, 150

**Karl V.** 150
**Karl VIII.**, König von Frankreich 68, 145
**Kelso, Ruth** 174
**Kopernikus** 27

**Landucci, Luca** 65
**La Pléiade**, Dichter 167
**Lasso, Orlando di** 175
**Leo I.**, Papst 139
**Leo X.**, Papst 65
**Leonardo da Vinci** 17, 27, 74, 97, 100, 119, 121, 123, 129, 131, 136, 175
**Livius** 17
**Lowinsky, E. E.** 178f
**Ludwig XII.**, König von Frankreich 144

**Machiavelli, Niccolò** 17, 24, 33f, 41, 60, 145, 154, 158f, 173f
**Manetti, Gianozzo,** 26
**Mantegna, Andrea** 168
**Manutius, Aldus** 20f, 48
**Marlowe, Christopher** 167
**Masaccio** 74, 97, 100f, 103, 107
**Maximilian I.** 165
**Mazzola, Francesco** 140
**Medici, Allessandro de'** 116
**Medici, Cosimo de'** 86, 88, 132
**Medici, Giovanni di Bicci de'** 86
**Medici, Giuliano de'** 116
**Medici, Katharina de'** 170
**Medici, Lorenzo de'** 70, 86, 88, 125, 127, 148
**Medici, Piero de'** 23, 68, 90, 148
**Michelangelo** 23, 74, 94, 97, 109, 115, 124—128, 134, 136, 152, 170
**Mirandola, Pico della** 23, 72
**Monteverdi, Claudio** 180
**More, Thomas** 167

**Niccoli, Niccolò** 120

**Ovid** 171

**Palesterina, Giovanni da** 175
**Palladio, Andrea** 170
**Palmieri, Matteo** 11, 48
**Paul II.,** Papst 30
**Peri, Jacopo** 180
**Peruzzi, Baldassare** 102
**Petrarca** 11, 17, 23, 50, 152, 167, 171
**Philipp II.,** König von Spanien 151
**Pisano, Nicola** 74, 120
**Pius II.,** Papst 21
**Platon** 17, 53, 168
**Plautus** 171
**Plinius** 128
**Poliziano, Angelo** 95
**Pollaiuolo, Antonio** 104
**Pontormo, Jacopo da** 74, 139f

**Quintilian** 17

**Raffael** 17, 74, 94, 97, 110, 128, 134, 136f
**Reuchlin, Johann** 165
**Rienzo, Cola di** 32
**Rinuccini, Ottavio** 180
**Robbia, Luca della** 74, 81
**Robert von Anjou,** König von Neapel 12
**Rosso, Giovanno** 140

**Sannazzaro, Jacopo** 171
**Sarto, Andrea del** 134, 170
**Savonarola,** Dominikanermönch 61, 65—72, 76
**Seneca** 171
**Sforza, Katharina** 53
**Sforza, Lodovico** 149f
**Shakespeare, William** 167, 173, 181
**Signorelli, Luca** 108f
**Sixtus IV.,** Papst 65, 95
**Spenser, Edmund** 167

**Tacitus** 17
**Tasso, Torquato** 180
**Terenz** 171
**Theokrit** 171
**Tintoretto** 180
**Tizian** 48, 94, 115, 128, 134, 180
**Torrigiano, Pietro** 170

**Uccello** 74, 108, 125, 128

**Valla, Lorenzo** 26
**Vasari** 116, 125, 129, 131
**Vega, Lope de** 167
**Vergil** 171
**Verocchio** 74
**Verona, Guarino da** 50f
**Vesalius, Andreas** 27, 163
**Villani, Giovanni,** Historiker 33
**Villon, François** 164
**Visconti, Gian Galeazzo** 32

**Wycliffe, John** 110

**Zuccari, Federico** 131

# Sachwortregister

**«Abendmahl»** (Leonardo da Vinci) 111—114
**Alaunvorkommen** 87f
**Aldinen,** Buchausgaben 21
**Allegorien** 21, 30, 111, 116, 125, 136
**Allgemeinbildung** 17, 20
**Anatomie** 27, 100, 103f, 109, 121
**Anmut** als Tugend 51f
**Antike, Wiedergeburt der** 11, 16, 24, 99, 119f, 124f, 168
**Arbeiter,** Situation der 43
**Architektur** 11, 74, 82f, 102, 120f, 129, 132, 134f, 152, 168, 180
**Aristokratie** 38, 41, 45, 48
**Arsenal von Venedig** 38, 40
**Ästhetik** 119, 124f
**Aufstände der Arbeiter** 43, 46
**Avignon,** Papstsitz 12

**Ballspiele** 53
**Bankhäuser** 74, 86—88
**Bankwesen** 15, 41, 45, 80, 88, 150
**Baukunst** 9, 25, 76, 120, 129, 132—134, 170
**Befestigungsanlagen** 155f
**Berufssoldatentum** 155
**Bibelausgaben** 168f
**biblische Themen der Malerei** 104—106
**Bildhauerkunst** 97, 106, 120—129
**Bildungsbewegung** 11, 15, 20, 47, 50, 54, 95, 119, 128f; Allgemeinbildung 20; Bildungsprinzipien 50; B. der Künstler 128
**Borgia,** Herrscherhaus 68
**Boxsport** 59
**Buchdruckerkunst** 20f, 165
**Buchführung, doppelte,** Einführung 15
**Bündnispolitik** 30, 146
**Bürgertum** 50, 80
**Bußprediger** 68, 101

**Chiaroscuro-Technik** 100—103
**Christentum** 61, 72, 125

Ciompi-Aufstand 83f

Darlehens-Zinsen 72
«Der Hofmann», Anstandsbuch 58, 173, 178
Deutschland, Humanismus in 164f
Dialekte, italienische 32
Dialektik als Unterrichtsfach 21
Dialogliteratur 53
Dichtkunst 164; s. a. Literatur
Diplomatie 15, 58, 74, 145, 149
Doge, der, als Staatsoberhaupt 35
Dogmen der Kirche 152
Dominikanermönche 61
Dramaturgie 171
Dynastien, fürstliche 26

Embleme 67
England, Renaissance in 167, 174
Erziehungsanstalten 50
Erziehungsprogramm, humanistisches 15, 50, 64f
ethische Werte 73
Etikettengesetze 54
Experimente, naturwissenschaftliche 119
Exporthäfen 45

Familienleben 48f
Festungsbauten 155f
Feudalherren 14, 46
Finanzwirtschaft 145
Florenz 41—47, 66—68, 74—97, 132, 150, 152, 154; Einwohnerzahl 78; Geographie 76; Handel 82f, 85; Kultur 88f, 94; Stadtanlage 77f; Straßennamen 78—80; Verkehrswesen 78
Fortschrittsgedanke 24
Frankreich, Renaissance in 165f
französische Invasion 143f, 147, 151
Frau, Stellung der 53f
Freskenmalerei 10, 22, 57, 90, 95, 99, 101, 108, 136
Friede von Cambrai 151
Friede von Lodi 146—148

Geldverkehr 15
Geniegedanke 131, 152, 163, 181
Genua 45f, 150
Geometrie 21, 100
Geschäftswesen 74, 80, 95
Geschichtsschreibung 74, 144, 167—169
Gesellschaftsstruktur 16
Gesellschaftsverträge 15
Gesetzlosigkeit 58f
Gewaltherrschaft 83f
Gewalttaten 58—61
Gewerbe 41, 80
Ghibellinen 30
Gilden 81, 90
Grabmäler 116
Guelfen 30

Handel 14f, 29, 34, 38, 41, 48, 76, 80—83, 85, 88f, 149, 151; Handelsniederlassungen 34; Handelsstädte 85; Handelswege 149
Handwerk 39, 80—83, 126, 132; s. a. Zunftwesen
Heiligsprechungen 61f
Heiratspolitik 32
hermeneutische Methoden 27, 170
Histographie 168; s. a. Geschichtsschreibung
Holding-Gesellschaften 15
Humanismus 11f, 15, 51, 53f, 61, 63, 68, 72f, 90, 106, 119, 136, 164f, 167

Individualität 9, 23f, 95, 140, 174
Industrieunternehmen 41
Italien, geographische Lage 29f
Italienische Liga 147
italienische Staaten, Autonomie 12, 146

Juristen, Reformen der 16f

Kampfspiele 93
Kanonisierungen 61
Kartellabkommen 88
Katastrophen 41
Kathedralbauten 29
Katholizismus 151f
Kaufmannsstand 38, 42, 46, 50, 80, 82f, 86, 164, 166
Kavalier, Ideal des 54f
Kirche, Einfluß der 61f, 65, 72, 101, 110
Kirchenbau 29, 79, 89f, 120, 124
Kirchenstaat 151
Klassen der Gesellschaft 41
Klassik (Architektur-Stil) 180
Kleinkriege 31f
Klima 170
Klosterschulen 64
Kommunen, republikanische 34, 100
Komödien 60
«Konstantinische Schenkung» 26f
Kriege, italienische 149—158
Kriegsausrüstung 155f, 159
Kriegstaktik 58, 154—156
Kreditwesen 86
Kreuzzüge 145
Kulturleben 29f, 88f, 94f, 151
Kunst 26f, 89—94, 97—119, 125f, 180; K.-Stile 30, 90f
Künstler, soziale Stellung 119—141
Künstlerakademien 132
Kunsttheorien 22, 88, 95, 107, 119, 127—129

Laienbruderschaften 65
Lehranstalten 51
Lehrinhalte 64; s. a. Bildungsbewegung
Leibeserziehung 51, 53
Literatur 17, 24, 54, 60, 95, 170—174; Aufgabe 24; L.-Kunde 17; Liebesmotiv in der L. 171; literarische Strömungen 60
Luxusgüter 54
Lyrik 175

Machtgefüge Italiens 14
Mailand 45
Malerei 9—12, 26, 29f, 90, 94f, 97—119, 125, 129, 132—139, 170, 178, 180f
Maltechnik 26
Manierismus 131, 139—141, 167, 180
Mathematik 129
Mäzenatentum 14, 90, 125f
Medici, Herrscherhaus 67, 68, 85—88, 151, 160
Medici-Kapelle 115—117
Medizin 163
Mensch, Auffassung des 15, 23, 26
Mittelalter, Einfluß des 11, 81, 106, 140
«Mona Lisa» (Leonardo da Vinci) 100—103
Monarchien 174
Musik 175—181; Darbietungen 61, 173; griechische M.-Theorien 177—179

Nation, Begriffsbestimmung 33
Naturalismus 107—111, 117, 120
Naturforschungen 119
Naturwissenschaften 27

**Neapel,** Königreich 12, 30; französische Besetzung 144
**Neuplatonismus** 73, 167

**Ölmalerei** 114, 117, 170, 178
**Oper, Entstehung der** 180
**optische Täuschungen** 140; s. a. Malerei

**pädagogische Literatur** 53
**Palastbauten** 35, 39, 89
**Papsttum** 14, 30, 65—67, 151
**Patriotismus** 95
**Pessimismus** 24
**Pest,** Seuche 14, 41, 43, 78, 105
**Phalanxformation** 155; s. a. Kriegstaktik
**Philosophie** 26—28, 50, 61, 72, 74, 168
**Physik** 27
**«Pieta»** (Michelangelo) 110
**Plastik** 74, 90f, 105, 125, 132
**Poesie** 74, 129
**Politik** 12, 24, 30, 143—161; politische Experimente 46
**politisches Denken** 48f, 89, 161, 173
**politische Einigung Italiens** 30
**«popolo grasso»** (Adel) 45, 83f
**Porträtkunst** 94
**Proletariat** 82f
**Propheten** 67—72
**Protestantismus** 73
**Prozessionen, religiöse** 35
**Puritanismus** 68; politischer 154

**Quellenforschung** 17, 73

**Raumperspektive** 27, 100—103, 107, 113, 133, 168
**Realismus in der Kunst** 94, 97—100, 105, 107—111, 113, 117, 140, 168
**Rechtswissenschaft** 15, 24, 145; Reformen des Rechts 145
**Reformbewegungen, religiöse** 61f, 68
**Regierungsform** 34, 38, 46, 80, 85
**Reliefs** 120f
**Religion** 26, 61, 65—72, 101, 104—106, 125f
**religiöse Kunst** 125f
**Religiosität** 65—72, 101
**Republik,** Staatsform 12, 34, 38, 41, 45, 68, 80, 85, 174
**Rhetorik** 51
**Rohstoffe** 82
**Rom,** künstlerische Vorrangstellung 134f
**Rundbogen** 124; s. a. Kirchenbau

**Satire** 60
**Schulen** 50f
**Seeschiffahrt** 38
**Selbstwertgefühl des Menschen** 9, 23f, 95
**Seuchen** 14; s. a. Pest
**«sfumato»-Technik** 103
**Siena,** Republik 45
**Sittenkodex** 54, 58f, 68, 174
**Skulpturen** 120
**Soldatentum** 143
**Söldner** 45
**Sonett-Dichtungen** 167
**Sonnensystem,** Erforschung 27
**soziale Schichten** 39—42, 54—61, 83
**Sozialprestige der Künstler** 127—129
**Spanien, Renaissance in** 167
**Spanische Invasionen** 140, 149—151
**Staat als Handelsmacht** 38
**Staatenbündnisse** 32
**Staatslehre** 26, 161
**Stadtstaaten** 12, 14f, 30
**städtische Kultur** 48, 54
**Stände, Rangordnung der** 34
**Steuern** 38, 84, 89, 151
**Straßennetz** 77f
**Streiks** 41
**«studia humanitalis»** (Geisteswissenschaft) 15
**Symbolik** 14, 30, 109—111, 116

**Territorialstaaten** 32
**Textilherstellung** 41
**Theologie** 72, 114f; T. und Kunst 114f
**Tiefenperspektive** 120f; s. a. Malerei
**Tischmanieren** 54
**toskanischer Stil** 106f, 134
**Türken, Einfluß der** 88

**Überseehandel** 34, 38, 150f
**Unterhaltungsdarbietungen** 61
**Unterrichtsmethode** 50f
**Urbanisierung** 48

**Venedig** 12, 29, 34—41, 44, 132—134, 150
**Verbrechen** 60
**Verfassungen** 41, 82, 85, 152, 174
**Verkehrsknotenpunkte** 37
**Versicherungswesen** 15
**Verwaltungssystem** 78
**Volksprediger** 63f, 68, 70
**Volkssprache** 173

**Waffen** 155, 159
**Wandermönche** 101
**Wappen** 67
**Weltlichkeit des Klerus** 65f
**Wettkämpfe, öffentliche** 92f
**Wiederentdeckung, Gedanke der** 24; s. a. Antike
**Wirtschaft** 14, 16, 88, 150
**wissenschaftliche Studien** 26, 107
**Wollhandel** 80, 82—85

**Zunftwesen** 126

# Danksagungen

Die Herausgeber sind folgenden Persönlichkeiten und Institutionen zu Dank verpflichtet: David L. Hicks, Associate Professor of History, Universität New York; Bruno Molajoli, Direttore Generale delle Antichità e Belle Arti, Ministero della Publica Istruzione, Rom; Ugo Procacci, Soprintendente delle Gallerie, Florenz; Luciano Berti, Direttore del Museo Nazionale, Florenz; Luisa Becherucci, Derettrice della Galleria degli Uffizi, Florenz; Irma Merolle-Tondi, Direttrice della Biblioteca Mediceo-Laurenziana, Florenz; Piero Aranguren, Direttore del Museo Storico, Florenz; Sergio Camerani, Direttore dell'Archivio dello Stato, Florenz; Mario Ristori, Archivio dello Stato, Florenz; Rodolfo Francioni, Direttore del Museo dell'Opera del Duomo, Florenz; Rolf Rapp-Nives Poli, Complesso Fiorentino di Musica Antica, Florenz; Silio Sensi, Soprintendenza alle Gallerie, Florenz; Mario Bernocchi, Prato; Alessandro Prosdicini, Direttore del Museo Civico, Padua; Eugenio Premuda und Guiseppe Ungaro, Istituto Storia Medicina, Universität Padua; Deoclecio Redig de Campos, Musei Vaticani, Rom, Vatikan; Ugo Bianchi, Archivio Fotografico Vaticano, Rom, Vatikan; Giovanni Antonelli, Archivio dello Stato, Palazzo Viminale, Rom; Italo Faldi, Direttore della Galleria Doria-Pamphili, Rom; Angelo Monteverdi, Presidente dell'Accademia dei Lincei, Rom; General Arnaldo Forgiero und Oberst Eugenio Panasci, Castel Sant'Angelo, Rom; Francesco Valcanover, Direttore dell'Accademia di Belle Arti, Venedig; Giovanni Mariacher, Direttore del Museo Correr, Venedig; Guiseppe Marchini, Soprintendente delle Gallerie delle Marche, Urbino; Filippa Maria Aliberti, Soprintendenza alle Gallerie delle Marche, Urbino; Accademia di Belle Arti, Ravenna; Savino Melone, Direttore del Museo Nazionale delle Scienze e delle Technicologia, Mailand; Luigi Crema, Soprintendente ai Monumenti della Lombardia; Giovanni Paccagnini, Soprintendente delle Gallerie, Mantua; Gilberto Carra, Archivio di Stato, Mantua; Raffaello Causa, Direttore del Museo Capodimonte, Neapel; Galleria Luigi Bellini, Florenz; National Gallery, London; Department of Western Art, Ashmolean Museum Oxford.

# Bildquellennachweis

*(Die Seitenzahlen stehen vor den Namen derer, die Fotos, Zeichnungen oder Grafiken für diesen Band zur Verfügung gestellt haben. Der Angabe der Herkunft der Abbildungen wird eine kurze Beschreibung der abgebildeten Werke hinzugefügt.)*

Umschlagvorderseite: *Leonardo, Selbstbildnis, Rötel um 1512.* 7: *Hieronymus im Gehäus, vermutlich Porträt des Kardials Bessarion von Vittore Carpaccio, Ölgemälde, 1502 bis 1507, Scuola di San Giorgio degli Schiavoni, Venedig (Marzari).* 8: *Porträt eines Jünglings, Tafelbild von Filippino Lippi, um 1485, National Gallery of Art, Washington, D. C., Mellon Collection.* 10: *Knabe bei der Lektüre Ciceros, Fresko von Vincenzo Foppa, um 1460, Wallace Collection, London (Derek Bayes).* 13: *Das Forum Romanum, Vedute von Paul Brill, Öl auf Kupfer, 16. Jh., Galleria Doria-Pamphili, Rom (David Lees).* 18/19: *Die Schule von Athen, Fresko von Raffael, 1509–1511, Stanza della Segnatura, Vatikan, Rom (David Lees).* 20: *Fotografie eines rekonstruierten Renaissance-Schauplatzes von Erich Lessing, Magnum.* 22: *Die Begegnung an der Goldenen Pforte, Ausschnitt aus einem Fresko von Giotto, 1304–1305, Cappella delgi Scrovegni, Padua (Aldo Durazzi).* 25: *Innenansicht der Pazzi-Kapelle von Brunelleschi, begonnen 1443, Florenz (Emmett Bright).* 28: *Ausschnitt aus der Heilung des Besessenen von Vittore Carpaccio, Ölgemälde, 1494, Galleria dell'Accademia, Venedig (Emmett Bright).* 31: *Papst und Kaiser, Kupferstich, um 1470, Gabinetto dei Disegni, Uffizien, Florenz (Walter Sanders).* 33: *Villa bei Spoleto (Dori Watson).* 35: *Gondeln am Ufer des Canale Grande in Venedig (Bernhard G. Silberstein, Rapho-Guillumette).* 36/37: *Ausschnitt aus der Abreise der hl. Ursula von Vittore Carpaccio, Ölgemälde, 1490–1496, Galleria dell'Accademia, Venedig (Emmett Bright).* 39: *Die Ca' d'Oro in Venedig (William Robbins, Black Star).* 40: *Zahltag im Arsenal in Venedig, Kupferstich, frühes 17. Jh., New York Public Library (Frank H. Bauer).* 42, 43: *«Bocche della Verità», Stein, 16. Jh. Palazzo Ducale, Venedig (Roloff Beny).* 44: *Obsthändlerin, Ölgemälde von Vincenzo Campi, 2. Hälfte 16. Jh., Pinacoteca di Brera, Mailand (Scala).* 49: *Fotografie eines rekonstruierten Renaissance-Schauplatzes von Erich Lessing, Magnum.* 52: *Dame beim Ballspiel, Fresko eines unbekannten lombardischen Künstlers, 15. Jh., Palazzo Borromeo, Mailand (Scala).* 55: *Schachspieler, Francesco di Giorgio, Tempera auf Holz, 2. Hälfte 15. Jh., Metropolitan Museum of Art, New York, Vermächtnis Maitland Fuller Griggs, 1943.* 56/57: *Schneeballschlacht, Fresko eines unbekannten Künstlers, 15. Jh., Castello del Buon Consiglio, Trento (David Lees).* 59: *«Il Guioco del Civettino», Tafelbild eines unbekannten florentinischen Malers, 15. Jh., Palazzo Davanzati, Florenz (David Lees).* 62/63: *Ausschnitt aus der Darstellung des Winters in einem Jahreszeitenzyklus von Cesare Vecellio, Fresko, 16. Jh., Palazzo Piloni, Sede della Provincia, Belluno (Emmett Bright).* 64: *Außenkanzel von Donatello am Dom von Prato, Marmor, 1438 (David Lees).* 66/67: Zeichnungen von Matt Greene. 69: *Fotografie eines rekonstruierten Renaissance-Schauplatzes von Erich Lessing, Magnum.* 70/71: *Das*

*Martyrium Savonarolas auf der Piazza della Signoria, Ölgemälde eines unbekannten Künstlers, um 1500, Museo di San Marco, Florenz (Scala).* 75: *Obdachsuchende Pilger, Francisco Hubertini Bacchiacca, Öl auf Holz, um 1550, Rijksmuseum, Amsterdam.* 76/77: *Ansicht von Florenz (David Lees).* 79: *Ausschnitt aus der Belagerung von Florenz durch Karl V., Fresko v. Giorgio Vasari, 1530, Palazzo Vecchio, Florenz (Erich Lessing, Magnum).* 81: *Zunftembleme, Terrakotta glasiert, um 1455–1465, Or San Michele, Florenz (Alinari).* 82–85: *Zeichnungen von J. Bertolli.* 87: *Fotografie eines rekonstruierten Renaissance-Schauplatzes von Erich Lessing, Magnum.* 91: *Der hl. Georg von Donatello, Marmorkopie nach dem Original, 1416, Or San Michele, Florenz (Emmett Bright).* 92/93: *Pferderennen in den Straßen von Florenz, Cassonebild eines unbekannten florentinischen Künstlers, Tempera auf Holz, um 1417, Cleveland Museum of Art, Cleveland, Holden Collection.* 96: *Detail der Paradiesespforte von Lorenzo Ghiberti, Bronzerelief, 1425–1452, Baptisterium, Florenz (R. Kafka).* 98: *Die Drei Grazien, Pompejanische Wandmalerei, 1. Jh. n. Chr., Museo Nazionale, Neapel (Marzari).* 99: *Die Drei Grazien, italienische Miniatur des 13. Jh., British Museum, London.* 101: *Der hl. Petrus taufend, Detail, Fresko von Masaccio, 1427–1428, Santa Maria del Carmine, Florenz (Fernand Bourges).* 102: *Architekturprospekt, Zeichnung von Baldassare Peruzzi, um 1520, Gabinetto dei Disegni, Uffizien, Florenz (Alinari).* 103: *Schematische Darstellung von Victor Lazarro.* 105: *Herkules und Antäus, Bronze von Antonio del Pollaiuolo, um 1480, Museo Nazionale, Florenz (Emmett Bright).* 108: *Ausschnitt aus dem Höllensturz, Fresko, von Luca Signorelli, um 1500, Orvieto, Dom (Marzari).* 112/113: *Ausschnitt aus dem Abendmahl von Leonardo da Vinci, Fresko, 1495–1497, Refektorium von Santa Maria delle Grazie, Mailand (Aldo Durazzi).* 114/115: *«Himmlische und Irdische Liebe», Ölgemälde von Tizian, um 1516, Galleria Borghese, Rom (Eric Schaal).* 117: *Der hl. Franz in Ekstase, Tafelbild von Giovanni Bellini, um 1485, Frick Collection, New York.* 118: *Zeichnung von Leonardo da Vinci (1452–1519), Selbstporträt, Rötelzeichnung, Palazzo Reale, Turin (Anderson-Rom).* 121: *Zeichnung von Leonardo da Vinci, Hängestudien, Silberstiftzeichnung, Royal Collection, Windsor Castle (Reproduktionsrecht vorbehalten).* 122 oben: *Zeichnung von Leonardo da Vinci, Proportionsstudie des Pferdebeins, Federzeichnung, Royal Collection, Windsor Castle (Reproduktionsrecht vorbehalten).* 122 unten: *Zeichnung von Leonardo da Vinci, Pferd, Schwarze Kreide mit Feder und Tinte übergangen, Royal Collection, Windsor Castle (Reproduktionsrecht geschützt).* 123: *Zeichnung von Leonardo da Vinci, Beinskelett eines Menschen und eines Pferdes, Royal Collection, Windsor Castle (Reproduktionsrecht geschützt).* 126/127: *Waldbrand, Tafelbild von Piero di Cosimo, um 1487–1489, Ahmolean Museum, Oxford.* 130 links: *Perseus, Bronze von Benvenuto Cellini, 1545–1554, Loggia dei Lanzi Florenz (Emmett Bright).* 130 rechts: *David, Marmorstatue von Michelangelo, 1501–1504, Accademia Florenz (Emmett Bright).* 133: *Der Leichnam Christi, Ölgemälde von Andrea Mantegna, 1506, Pinacoteca di Brera, Mailand (Dmitri Kessel).* 134: *Kuppel der Peterskirche, Entwurf von Michelangelo, 1558–1560, ausgeführt von Giacomo della Porta, 1590, Rom (Mark Kauffmann).* 135: *Zeichnungen von J. Bertolli.* 137: *«La Belle Jardinière», Tafelbild von Raffael, 1507, Louvre, Paris (Fernand Bourges).* 138: *Kreuzabnahme, Tafelbild von Jacopo Pontormo, 1525–1528, S. Felicità, Florenz (Scala).* 142: *Niccolò Mauruzi da Tolentino in der Schlacht von San Romano, Ausschnitt aus einem Tafelbild von Paolo Uccello, um 1450, National Gallery, London.* 147: *Karte von David Greenspan.* 148: *Piero de' Medici, Porträtbüste in Marmor von Mino da Fiesole, 1453, Museo Nazionale, Florenz (Alinari).* 153: *Fotografie eines rekonstruierten Renaissance-Schauplatzes von Erich Lessing, Magnum.* 157: *Kriegsschiff, Holzschnitt-Illustration aus De re militari von Roberto Valturio, 1483, New York Public Library (Albert Fenn).* 159: *Zeichnungen von J. Bertolli nach den kriegstechnischen Studien von Francesco di Giorgio, um 1495, Collezione Chigi, Siena.* 162: *Fotografie eines rekonstruierten Renaissance-Schauplatzes von Erich Lessing, Magnum.* 166: *Nemesis, Kupferstich von Albrecht Dürer, um 1500 (Historisches Bildarchiv, Sammlung Handke, Bad Berneck).* 169: *Fotografie eines rekonstruierten Renaissance-Schauplatzes von Erich Lessing, Magnum.* 172: *Ausschnitt aus der Darstellung des Winters in einem Jahreszeitenzyklus von Cesare Vecellio, Fresko, 16. Jh., Palazzo Piloni, Sede della Provincia, Belluno (Emmett Bright).* 176/177: *Eine Jagd im Walde, Tafelbild von Paolo Uccello, nach 1460, Ashmolean Museum, Oxford (Derek Bayes).* 178/179: *Ländliches Konzert, Giorgione, Öl auf Leinwand, Paris, Louvre um 1510 (Eddy Van der Veen).*

674/6